*O professor e as
vulnerabilidades infantis*

EDITORA AFILIADA

Volume 12

Coleção *Educação & Saúde*

Dados Internacionais de Catalogação na Publicação (CIP)
(Câmara Brasileira do Livro, SP, Brasil)

Freitas, Marcos Cezar de
   O professor e as vulnerabilidades infantis / Marcos Cezar de Freitas, Renata Lopes da Costa. – São Paulo : Cortez, 2016. – (Coleção educação & saúde ; 12)

   ISBN 978-85-249-2453-8

   1. Antropologia educacional 2. Educação inclusiva 3. Inclusão escolar 4. Professores - Formação 5. Vulnerabilidade I. Costa, Renata Lopes da. II. Título. III. Série.

16-04077   CDD-306.41

Índices para catálogo sistemático:
1. Antropologia e educação   306.41

Marcos Cezar de Freitas
Renata Lopes Costa Prado

O professor e as vulnerabilidades infantis

O PROFESSOR E AS VULNERABILIDADES INFANTIS
Marcos Cezar de Freitas e Renata Lopes Costa Prado

Capa: aeroestúdio
Preparação de originais: Marta Almeida de Sá
Revisão: Maria de Lourdes de Almeida
Editora-assistente: Priscila F. Augusto
Composição: Linea Editora Ltda.
Coordenação editorial: Danilo A. Q. Morales

Nenhuma parte desta obra pode ser reproduzida ou duplicada sem autorização expressa dos autores e do editor.

© 2016 by Autores

Direitos para esta edição
CORTEZ EDITORA
Rua Monte Alegre, 1074 – Perdizes
05014-001 – São Paulo – SP
Tel. (11) 3864 0111   Fax: (11) 3864 4290
e-mail: cortez@cortezeditora.com.br
www.cortezeditora.com.br

Impresso no Brasil – agosto de 2016

Sumário

Apresentação da Coleção 7
Introdução 11

1. De crianças cronicamente enfermas:
experiências de corpo em "não lugares" que alguns
professores não conhecem 23
    Modos de mostrar, estratégias performáticas 32
    Gestos e gêneros 36
    Mulheres mães no tecido intrainstitucional 42
    De barulhos e habilidades: reinvenções do cotidiano ... 46
    O corpo como lugar 49
    Referências à vida escolar e as mediações necessárias 53

2. Crianças com deficiências na educação infantil:
o professor e as instabilidades da inclusão 59
    Do processo de obtenção de informações 69
    O significado de 73
    O específico de 77
    A formação para 80
    O que essa aproximação revelou 88

3. A pesquisa envolvendo seres humanos à luz dos estudos sociais da infância:
leitura crítica da legislação brasileira 93

Os estudos sociais da infância 94

Legislação brasileira sobre ética na pesquisa com seres humanos... 102

A "universalidade" na Resolução n. 466/2012.............. 106

Vulnerabilidade e autonomia na Resolução n. 466/2012... 111

Breves considerações finais... 121

Para aprofundamento

Filmes que recomendamos.. 123

Literatura que recomendamos..................................... 125

Sites que recomendamos... 125

Referências 127

Apresentação da Coleção

A Coleção Educação e Saúde busca estabelecer diálogo entre pesquisadores do Programa de Pós-Graduação Educação e Saúde na Infância e na Adolescência, da Universidade Federal de São Paulo, e educadores e professores, convidando também especialistas de outras Universidades para a análise de temas específicos, fundamentais para o estudo do cotidiano escolar.

O conjunto de títulos que o leitor encontra nesta Coleção reúne investigadores cujas pesquisas e publicações abrangem de forma variada os temas infância e adolescência e que trazem, portanto, experiência acadêmica relacionada a questões que tocam direta e indiretamente o cotidiano das instituições educacionais, escolares e não escolares.

O diálogo entre os campos da Educação e Saúde tornou-se necessário à medida que os desafios educacionais presentes têm exigido cada vez mais o recurso da abordagem interdisciplinar, abordagem essa necessária para oferecer alternativas às tendências que segregam os chamados problemas de aprendizagem em explicações monolíticas.

A educação dos educadores exige esforços integradores e complementares para que a integridade física, social, emocional e intelectual de crianças e adolescentes com os quais lidamos diariamente não permaneça sendo abordada com reducionismos. Percebemos com frequência a circulação de diagnósticos que reduzem os chamados problemas educacionais a um processo de escolha única, sem alternativas integradoras.

Em relação aos chamados problemas educacionais, na maioria das vezes as opções formativas ou são devedoras de argumentos clínicos ou são devedoras de argumentos socioeconômicos, mas predominantemente esses universos são apresentados como realidades que não devem se comunicar, tornando a opção por uma imediata exclusão do outro.

As desvantagens pessoais e sociais de crianças e adolescentes estão diariamente desafiando professores e educadores em geral. Abordar de forma objetiva e integrada o complexo tema dos chamados problemas físicos, emocionais, intelectuais e sociais que manifestamente interferem na vida escolar de crianças e adolescentes é o desafio desta Coleção.

Esse desafio nos levou a trazer para a Coleção um repertório de temas que contempla os problemas sociais de alunos pobres; os chamados déficits de atenção; as várias formas de fracasso escolar; as deficiências em suas muitas faces; as marcas do corpo; a sexualidade; a diversidade sexual; a interação entre escola e família; a situação dos alunos gravemente enfermos; as muitas formas de violência contra a criança e entre crianças; os dramas da drogadição; os desafios da aquisição de linguagem; as questões ambientais e vários outros temas conexos que foram especialmente mobilizados para este projeto editorial.

A mobilização desses temas não foi aleatória. Resultou do processo de interação que o Programa tem mantido com as redes públicas de ensino de São Paulo. E tem sido justamente essa experiência a grande fiadora da certeza de que os problemas educacionais de crianças e adolescentes não são exclusivamente clínicos, nem exclusivamente sociais. Pensemos nisso.

Por isso, apresentamos a Coleção Educação e Saúde como quem responde a uma demanda muito consistente, que nos convida a compartilhar estudos sobre a infância com base naquilo que de mais rico a interdisciplinaridade tem a oferecer.

Marcos Cezar de Freitas
Coordenador da Coleção

Introdução

Este livro se propõe a dialogar com professores a respeito do tema vulnerabilidades infantis.

Bryan Turner recentemente publicou brilhante estudo no qual relacionou sociologicamente os temas corpo e sociedade. Na conclusão do livro, afirmou, sem meias palavras, que "o estudo da vulnerabilidade não é uma ação neutra" (cf. Turner, 2014, p. 408).

Essa afirmação, impregnada de força e contundência, pode ser ricamente utilizada para debater com professores questões do cotidiano escolar como, por exemplo, os processos de inclusão em andamento, e pode ser trabalhada de modo a estimular reflexões sobre o que sabemos a respeito das crianças que estão sob nossa responsabilidade em ambientes escolares.

Nesses ambientes, a despeito do aumento considerável de estudos sobre infância, as chamadas fragilidades infantis motivam dúvidas e inseguranças de toda ordem.

Pesquisadores habituados ao trabalho de campo com crianças em cenários escolares relatam que os profissionais da escola frequentemente questionam se crianças "muito problemáticas" deveriam, de fato, estar na escola.

Questionam se têm competência suficiente para responder aos desafios que determinadas características individuais apresentam ao trabalho coletivo que é a essência da dinâmica escolar.

Reagem muitas vezes expondo a própria fragilidade e a sobrecarga a que estão expostos, afirmando que não são médicos, não são terapeutas, tampouco psicólogos...

Reivindicam algo de específico no trabalho de professor que, supostamente, se descaracteriza à medida que demandas relacionadas ao corpo da criança se manifestam como "mais um cuidado a tomar".

A percepção coletiva de que há no espaço escolar demanda por intensificação no cuidado relacionado ao corpo da criança, muitas vezes, ganha contornos amplos, e as dúvidas na escola passam a se referir à saúde dos alunos como se saúde fosse a palavra necessária para diferenciar os que "naturalmente" têm direito a permanecer e os que "em benefício próprio" deveriam estar noutro lugar, sob a responsabilidade de outras pessoas.

Algo muito semelhante ocorre em relação à percepção coletiva relacionada às demandas que se associam à presença da criança com deficiência. Nesse caso, é a inclusão que costuma ser colocada em dúvida, e com argumentos que também se apresentam "em benefício próprio" daqueles que, por suposto, "deveriam estar noutro lugar".

O leitor encontrará neste livro um intenso uso de aspas. Esse recurso é necessário porque boa parte dos escritos que compõem esse volume da Coleção Educação & Saúde resultou da realização de pesquisa de campo, e nesse esforço de aproximação, objetivando analisar situações após conhecê-las de perto, foi possível coletar palavras e frases bastante reveladoras de tensões e problemas que serão especificamente tratados aqui.

A referência às crianças "muito problemáticas", citada acima, é exemplar. O uso de classificações como essa faz parte de uma conjuntura, observável em muitas escolas, que proporcionou registrar nos cadernos de campo várias formas de expressar perplexidade diante daquele(a) outro(a), ou seja, diante da diferença que determinadas crianças têm em relação aos demais.

O uso das aspas indica a presença no texto de frases emblemáticas coletadas e registradas em caderno de campo.

O universo de pesquisa que dá base às questões trabalhadas neste livro tem no uso da palavra "vulnerabilidade" e em suas diferentes apropriações os fios da teia de símbolos que diariamente ressignificam o mal-estar em relação ao corpo "disforme", "limitado", "deficiente" ou "debilitado" do aluno.

Quando vulnerabilidades específicas são mencionadas, não são raros os momentos em que a especificidade do trabalho docente é lembrada como recurso estratégico para legitimar o desconforto diante da "grande tarefa" que é associada à presença de algumas crianças.

Como se nota, logo no segundo parágrafo deste livro, nós nos apropriamos da opinião de Turner, e o fizemos com a intenção de manifestar nosso comum entendimento de que, de fato, o estudo da vulnerabilidade não é uma ação neutra.

E o que pensar, então, da especificação que a palavra "vulnerabilidade" ganha quando é qualificada e se torna "vulnerabilidade infantil"? Do que se trata? E como considerar o fato que "vulnerabilidade" foi e é uma palavra-chave para compreender como historicamente elaboramos uma noção de infância que tenta ser (sem conseguir) universal?

Imaginemos que em dada situação um professor receba uma mensagem da parte de seus coordenadores informando que uma criança "vulnerável" estará sob sua responsabilidade em determinado momento.

Seria demasiado impertinente se o professor, reagindo, perguntasse: "mas qual dentre essas crianças não é vulnerável?".

A vulnerabilidade é uma característica da criança? Trata-se de uma palavra-chave para descrever a infância?

A palavra "vulnerabilidade", no final do século XX, passou a fazer parte dos repertórios educacionais brasileiros, especialmente quando, no âmbito dos debates relacionados ao tema "fracasso escolar", os mapas de vulnerabilidade social tornaram-se referências importantes para o estudo dos chamados "efeitos do território" sobre as estruturas escolares de ensino e aprendizagem.

Mapas de exclusão social, índices de vulnerabilidade social, famílias ou crianças em situação de vulnerabilidade, escolas em zonas vulneráveis são exemplos de palavras/conceitos/instrumentos que revelam a circulação de jargões da análise econômica, das sumas sociológicas e mesmo da produção acadêmica do serviço social entre aqueles que pensam as complexas relações existentes entre escola e pobreza, entre escola e violência urbana e entre escola e família.

Se buscarmos o histórico da tramitação e da elaboração do Estatuto da Criança e do Adolescente no Brasil, promulgado em 1990, encontraremos representações da vulnerabilidade intensamente presentes (Rizzini, 2002; Rizzine e Pilotti, 2006).

No que se refere especificamente à educação escolar, "vulnerabilidade" é uma palavra cada vez mais presente em documentos expedidos por secretarias, órgãos governamentais e até em manifestações ministeriais.

Escolas públicas de grandes centros urbanos convivem também com organizações não governamentais "especializadas" em vulnerabilidades.

Da mesma forma que a palavra "comunidade" em muitas situações torna-se um eufemismo para evitar o uso da palavra "favela", a referência à vulnerabilidade no universo educacional, inúmeras vezes, se torna um recurso descritivo utilizado para explicar que as crianças ou os adolescentes em questão são "filhos da pobreza" e, assim, são referidos como pessoas mais próximas de desajustes de toda ordem, principalmente familiar.

O que se constata é que "vulnerabilidade" tem sido uma palavra fortemente estigmatizante, utilizada a granel para identificar a presença de crianças e adolescentes pobres nas escolas ou a presença da escola em regiões periféricas, identificadas genericamente como zonas de vulnerabilidades sociais.

Em São Paulo, por exemplo, a Fundação SEADE[1] estabeleceu um índice de vulnerabilidade social que permitiu produzir um mapa no qual as zonas mais vulneráveis são indicadas com cores específicas.

A Assembleia Legislativa do Estado de São Paulo se vale desse índice para garantir aos cidadãos que, no papel de instituição de ordem representativa, examina periodicamente as condições de vida da população e busca informações sobre renda, escolaridade, saúde, emprego.

A Assembleia Legislativa garante também que se vale da percepção da presença de vulnerabilidades para direcionar os esforços institucionais que possam favorecer mobilidade social às chamadas "populações vulneráveis".[2]

Em regra, populações vulneráveis são aquelas que são identificadas com locais desprovidos de serviços públicos regulares e consistentes.

O uso e a apropriação de sentidos socioeconômicos para identificar uma criança na escola com o adjetivo "vulnerável", ou o termo "de família vulnerável", ou "de território vulnerável", e assim por diante, projetam uma imagem de deterioração.

Essa criança é considerada menos um sujeito de direitos e mais uma pessoa desprovida da possibilidade de ser plenamente escolarizada, uma vez que as imagens de deterioração que acompanham o uso educacional da palavra "vulnerável" são também imagens de "famílias desestruturadas" e de "casas que não são lares", expressões que, muitas vezes, dão forma a preconceitos de toda ordem, especialmente os de classe social, uma vez que a referência às "famílias

---

1. Fundação Sistema Estadual de Análise de Dados (SEADE). É responsável pela produção de estatísticas, estudos e análise de dados, especialmente os que se relacionam direta ou indiretamente com informações de perfil socioeconômico.

2. Consultar o Índice Paulista de Vulnerabilidade Social publicado no site da Assembleia Legislativa do Estado de São Paulo, que pode ser acessado em www.iprsipvs.seade.gov.br.

desestruturadas" está profundamente sedimentada na história social da infância no Brasil (Freitas, 2005, 2007 e 2009; Sarti, 2010).

O uso da palavra "vulnerável" não somente pode estigmatizar como ideologicamente pode ajudar a compor um jogo argumentativo que projeta crianças severamente pobres como crianças "não escolarizáveis".

Para esse ponto, em que há representações da impossibilidade, convergem opiniões a respeito dos desafios educacionais relacionados às crianças e aos adolescentes com deficiências, o que se estende também aos alunos cronicamente enfermos.

A sobreposição das características mais singulares de seus corpos/intelectos ao esforço de escolarizar, inúmeras vezes, favorece a identificação de suas pessoas com a condição de "não escolarizável". A atenção aos efeitos dessa sobreposição indica nossa percepção de que tudo o que será aqui discutido também diz respeito ao tema "direitos humanos".

Pois bem, se retornarmos à hipótese de um professor apresentar a questão "Qual dessas crianças não é vulnerável?", o que deveríamos responder?

Ainda que o uso da palavra vulnerável tenha se prestado a generalizações que no limite dão espaço até aos preconceitos sociais, não vale a pena prescindir de seu uso.

Para compreender a importância dessa afirmação, comecemos respondendo à questão acima: nenhuma, todas são vulneráveis.

Mas vulnerável é, antes de tudo, uma condição inescapável da corporeidade, ou seja, se para entender como nos tornamos humanos devemos necessariamente refletir a respeito do corpo no mundo, isso significa também reconhecer que uma vulnerabilidade estrutural relacionada à finitude, à extinção da vida no corpo e do corpo e à possibilidade sempre presente de ferir-se emocional e fisicamente constitui qualquer experiência corporal.

Torna-se necessário, então, sempre esclarecer como e quando alguém se torna mais vulnerável que os demais e o que no solo existencial de cada um faz com que, em dada e específica situação, *aquele* corpo seja a possibilidade mais concreta de manifestação de uma experiência destrutiva.[3]

Reconhecemos a presença de crianças entre nós constatando, em primeiro plano, a dimensão de seus corpos e, nesse sentido, produzimos um grande reducionismo.

A fragilidade inerente ao pequeno porte, que se intensifica quando o sujeito em questão é um bebê, por exemplo, é compreendida como se a vulnerabilidade fosse um dado que se extingue gradualmente com o crescimento.

Deve-se lembrar de que a experiência de ser criança expressa um complexo circuito de interdependências em relação às outras gerações. Como a criança não sobrevive por si, em si e para si, sua presença é necessariamente um feixe de relações. Em qualquer sociedade a criança necessariamente está com, está entre, permanece ao lado de, é levada para, é deixada em, é uma extensão de, é uma incumbência para, é...

Com exceção das interações entre pares, em todas as outras interações a criança participa como corpo passível de manejo; e esse fato é essencial para compreender o que, em cada situação, diz respeito às integridades físicas, emocionais, intelectuais e morais.

Não queremos afirmar que na interação com pares não ocorrem manejos específicos e sujeições de várias ordens. Trata-se de separar as questões estruturais das conjunturais.

---

3. O conceito de corporeidade é usado em concordância com os argumentos de Bourdieu, Csordas e, principalmente, Merleau-Ponty. De forma muito densa, Carlos Alberto Steil e Luis Felipe Rosado Murillo recomendam a obra de Thomas Csordas explicando que esse autor empreende uma síntese fundamental "[...] ao dirigir o seu foco para a experiência corpórea, Thomas Csordas defende que a abordagem da corporeidade está para além da representação e do discurso, sem, contudo, deixar de incluir essas dimensões. Essa é a pedra de toque da sua abordagem do corpo, que não é mais nem o corpo como mero instrumento, corpo significado, nem o corpo como lugar de inscrição [...] da cultura, mas é o corpo fenomênico, o corpo como *locus* da cultura, meio de sua experimentação do fazer-se humano em suas múltiplas possibilidades" (Steil e Murillo, 2008, p. 11).

Crianças vivem sob a (ir)responsabilidade de gerações mais velhas, e vulnerabilidade diz respeito ao estar onde se está, com quem se está, nas condições em que se está e, por isso, diz respeito ao impacto dessas experiências no específico de seu corpo, de seu intelecto, de suas emoções e decorre de sua impossibilidade estrutural de interromper a maior parte dos gestos e fatos que mostram que nenhuma de suas dimensões é impermeável.

Vulnerabilidade não é inerente à pobreza. Vulnerabilidade não é uma fase da vida.

A menção às vulnerabilidades infantis é intrínseca à verificação do que significa cuidado e cuidar em cada situação; do que significa assumir crianças como extensão da responsabilidade adulta em cada camada do tecido social.

Por isso, vulnerabilidade não diz respeito ao corpo, mas à presença do corpo quando, com, em, ao lado, entre. Vulnerabilidade é categoria relacional conjugada com as instabilidades do cotidiano que se reinventa sempre e, por isso, nas situações mais adversas suscita proteção e, contraditoriamente, nas situações mais favoráveis à proteção suscita adversidades e descuidos.

Vulnerabilidade é menos uma obviedade relacionada aos déficits do corpo e mais uma questão que se apresenta quando perguntamos "o que é daquele corpo em situações que projetam sua diferença como anomalia?". Por isso, não estamos nos referindo a uma característica da infância que desaparece gradualmente com o crescimento. Não é impossível ser criança e não estar em posição vulnerável em dada situação, a depender do específico de cada situação.

Para compreender isso é necessário perguntar: qual experiência de infância tem essa criança a que me refiro e o que cada situação agrava ou atenua naquilo que lhe é *em relação aos demais* uma fragilidade?

Trata-se de uma categoria que facilmente se torna adultocêntrica, frequentemente usada de modo a confundir a dependência estrutural da criança com a condição de "não sujeito". Muitas vezes, é com a categoria vulnerabilidade que se retrata a criança como passiva receptora da realidade urdida no campo adulto de produção de sentidos, e, vista assim, vulnerável torna-se uma forma de representar a criança como um vazio a ser preenchido de maneira correta ou incorreta.

"Vulnerabilidade" é uma palavra-chave para compreender por que os estudos da infância se fizeram tão necessários e por que nos ensinaram tanto.

Desde os estudos pioneiros das antropólogas Margaret Mead (1928) e Ruth Benedict (1935), assim como as contundentes (e polêmicas) análises do historiador francês Philippe Ariès (2006) sobre a infância na sociedade medieval, não se pode deixar de reconhecer que a ideia de infância é construída socialmente, variando de forma intensa entre as diversas culturas. A construção de significados para as palavras "infância" e "criança" permeia transformações sociais, políticas e econômicas e é permeada por estas.

Estudar vulnerabilidades infantis significa analisar: quais crianças e em qual situação expressavam um sentido único para ser vulnerável em relação a.

Diferentemente do que ocorria em períodos anteriores, como o analisado por Ariés (2006), ou do que ainda hoje é possível observar em outros contextos culturais (Montgomery, 2009; Szulc e Cohn, 2012), naquilo que chamamos de sociedade ocidental moderna, as crianças, em nome de sua proteção, são separadas da maior parte das atividades da sociedade adulta. Elas foram colocadas à margem do espaço público e têm sido consideradas como um grupo que pertence ao espaço privado, com uma forte tendência de que suas relações com adultos restrinjam-se aos seus pais e professores (Qvortrup, 2014). Com frequência, as crianças são vistas simplesmente como membros "em preparação", aqueles que serão futuramente integrados (Qvortrup, 2015).[4]

---

4. Para um aprofundamento desta discussão, ver Qvortrup (2001). O autor considera que a separação das crianças da sociedade adulta e a desvalorização de sua contribuição para a história

Essa visão tem sido objeto de duras críticas, especialmente nas últimas décadas, por parte de estudiosos da infância que vêm mostrando que, apesar de cada vez mais afastadas da produção econômica, as crianças são competentes e ativas na construção da história e da cultura (Hutchby e Moran-Ellis, 1998; Qvortrup, 2015).

Concordamos com Allison e Adrian James (2008) quando afirmam que um dos focos centrais dos estudos da infância talvez devesse ser a análise das formas pelas quais diferentes noções de vulnerabilidade afetam entendimentos sobre criança e infância e representações destes termos.

Assim, a proposta deste livro é apreender o lugar reservado às crianças nos modos de pensar e nas práticas de adultos, especialmente professores. Não queremos somente desvelar modos de pensar a infância, queremos principalmente abordar situações nas quais a noção de vulnerabilidade torna-se central para caracterizar a diferença de determinados grupos de crianças em relação àquilo que socialmente se define como "crianças em geral". Ou seja, queremos compartilhar nosso entendimento de que com a palavra vulnerabilidade não somente construímos socialmente a infância, mas com ela também retiramos de algumas crianças o direito à aproximação.

Como se vê, assim como a noção de infância, o termo vulnerabilidade é também polissêmico.

Definida geralmente como um estado de fragilidade, de estar suscetível a um dano, que requer proteção (James e James, 2008), a vulnerabilidade pode tanto se referir à dimensão ontológica

---

e para a cultura estão relacionadas a transformações no sistema de produção. Qvortrup argumenta que um aspecto distintivo da economia moderna em relação à pré-moderna é a divisão diacrônica do trabalho, ou seja, o tempo que transcorre entre a produção e o consumo é cada vez mais longo, pois novas ligações foram acrescidas na cadeia de produção. Ele sugere que uma dessas novas ligações seja o trabalho escolar das crianças, uma forma de trabalho imanente ao atual sistema de produção. No entanto este trabalho, por conta da diacronia que o marca, não é reconhecido por aquilo que contribui para a sociedade, como em outros momentos históricos diferentes trabalhos exercidos pelas crianças o foram.

constitutiva da vida humana quanto a circunstâncias desfavoráveis que afetam grupos específicos e restringem sua autonomia.

Além disso, qualificar pessoas ou grupos como vulneráveis pode, por um lado, influenciar o direcionamento de atenção e de recursos para a sua necessária proteção e seu devido cuidado, mas, em contrapartida, pode também contribuir para que essas mesmas pessoas ou esses grupos sejam estigmatizados e não tenham suas competências reconhecidas.

Por isso, é no entremeio dessa delicada tensão que nos propomos a refletir a respeito do professor diante das vulnerabilidades infantis partindo de três diferentes perspectivas.

No capítulo 1, são analisados diálogos com mães, bem como interações de crianças e adultos na sala de espera de um ambulatório especializado no atendimento de crianças cronicamente enfermas.

O capítulo 2 traz reflexões sobre opiniões e testemunhos de professoras levando em consideração expectativas e experiências com o trabalho junto a crianças com deficiências, aproximando o leitor de algumas instabilidades que acompanham crianças em processo de inclusão.

Por fim, o terceiro e último capítulo apoia-se nos estudos sociais da infância para propor uma interpretação da legislação brasileira sobre ética na pesquisa com seres humanos, tema fundamental para que esses escritos nos ajudem a refletir criticamente sobre a pesquisa com crianças e a pesquisa sobre crianças.

Como o leitor poderá observar, há elementos que aproximam e outros que distanciam essas três miradas em relação às situações em que noções de infância e de criança entrelaçam-se com recriações dos sentidos de vulnerabilidade e autonomia.

Em comum, destaca-se nos três capítulos a centralidade do saber médico apresentado como um saber capaz de aferir quem são os vulneráveis, o que os vulnera e de que forma devem ser protegidos.

Entre os elementos que distinguem o fundamento das análises em cada um dos três capítulos, sobressai o "outro", aquele em relação ao qual a criança vista como vulnerável é comparada: crianças cronicamente enfermas são vulneráveis no contraste com crianças saudáveis; crianças com deficiência são vulneráveis em contraponto às "eficientes"; e as crianças, enquanto grupo populacional etário, são vulneráveis frente à "maturidade" e "completude" dos adultos.

1

De crianças cronicamente enfermas:
experiências de corpo em "não lugares" que alguns professores não conhecem

Este capítulo enfoca situações compartilhadas por crianças e adultos, principalmente entre crianças e suas mães, em cenários organizados para a espera, mais especificamente, nas salas de um ambulatório de alergia e imunologia que recebe em suas dependências crianças cronicamente enfermas.

Qual experiência de corpo a criança ajuda a construir em cenários de espera?

Neste livro, cenários de espera são "não lugares" no sentido que Augé (2010) confere ao conceito, ou seja, espaços em que se torna possível atuar como personagem da espera dentro de um contexto em que se está para não estar. Típico das salas de espera, que são uma espécie de mundo em miniatura e nas quais se permanece enquanto não acontece aquilo que se aguarda, o tempo de aguardo torna-se também, ele em si mesmo, um "espaço praticado", no sentido construído por Certeau (2005), uma oportunidade de elaborar-se porque se está com, se está ao lado, se está entre outras crianças.

O "espaço praticado" é um "não lugar" primeiro porque se desmancha sem as cenas de aguardo, e é também um "não lugar" porque, tal como uma sala de espera numa estação, trata-se de um espaço que se pratica para que se possa obter o que se quer — no caso da estação, para obter (dar início, continuar) a viagem. O deslocamento do viajante dá ensejo para se praticar permanências inevitáveis para quem se desloca.

Essa trama em salas de espera aqui analisada se desenvolve na cidade de São Paulo.

Em uma das maiores metrópoles do mundo, há crianças que acordam muito cedo para que possam se submeter a rotinas ambulatoriais das quais necessitam antes de ir para a escola.

São crianças habituadas a longas jornadas que compreendem deslocamento em transporte público, espera, atendimento, novo deslocamento, escola e, muitas vezes, retorno às dependências hospitalares no período da noite.

Tempo longo e entrecortado, a rotina de crianças cronicamente enfermas é uma sucessão de aguardos pela disponibilidade de outrem, aqueles que são responsáveis por administrar a redução dos danos causados por crises que rondam com seu espectro de urgência cada ato do cotidiano dessas personagens.

O repertório de gestos analisado aqui foi obtido num processo de acompanhamento de crianças envolvidas com o tratamento contínuo porque são expressivamente alérgicas. Essas crianças e suas mães "se encontram" sistematicamente no mesmo ambulatório e se fazem, assim, sujeitos da mesma rotina de espera no mesmo cenário, diuturnamente.

Este escrito resulta de pesquisa realizada durante dois anos num ambulatório de alergias que é extensão de um hospital público em funcionamento nessa grande metrópole e que foi criado especificamente para essa finalidade. Esse espaço é uma das estratégias do hospital para tratar crianças cronicamente enfermas.

Esse local de pesquisa não foi escolhido aleatoriamente. A identificação dos "postos de observação e registro" (Woods, 2005) levou em conta a possibilidade concreta de estabelecer contato com mães e crianças que aderiram voluntariamente a um programa de educação e asma.

O Programa Educação e Asma desse ambulatório favoreceu a interação com muitas crianças de idades que variavam entre 7 e 13 anos e em cujo cotidiano o adoecimento crônico deixava marcas visíveis. A pesquisa em si, porém, não se restringiu às crianças participantes do Programa Educação e Asma.

Como a observação incidiu sobre o cenário da sala de espera e como nesse território sempre aguardam muitas crianças, a análise incidiu sobre o entretecimento de interações de modo geral, sem desperdiçar oportunidades de observar crianças menores, a partir dos 3 anos de idade.

O que o Programa Educação e Asma favoreceu foi o contato prolongado com várias mães dispostas a conversar sobre o adoecimento crônico e a experiência de escolarização de suas crianças.

O contexto permitiu planejar e executar um trabalho contínuo de imersão e convivência. Ainda que o aprendizado com Augé e Certeau tenha sido exposto já no início da argumentação em curso, a visível insistência no uso da palavra cenário revela ao leitor que a imersão dessa pesquisa foi feita sob inspiração dos estudos de Erving Goffman relacionados às interações face a face (cf. Goffman, 2000, 2005, 2011, 2012, 2014).

O convívio entre observador e observados ocorreu no bojo da seguinte estratégia: esperar onde esperavam, aguardar pessoas pelo mesmo tempo e dialogar com as mães somente quando as crianças eram chamadas para o atendimento.

Com o apoio da instituição médica foi possível observar intensamente os cenários nos quais crianças, mães, médicos e atendentes se encontravam para lidar com crises, amenizá-las e compartilhar estratégias para evitar situações propícias ao desencadeamento de crises ainda mais intensas. Trata-se de um contexto impregnado de táticas para obter o "menos pior" em cada momento. Trata-se também de um microcosmo com intenso manejo dos corpos das crianças.

O crachá no peito projetava uma autoridade artificial. Não poucas vezes, fomos confundidos com médicos, parecendo a todos ser inconcebível que alguém transitasse por aqueles espaços sem fazer parte da equipe clínica.

O jaleco usado para não desrespeitar as regras locais relacionadas ao controle de acesso e preservação de níveis de higiene e cuidado transforma qualquer personagem num médico "entre" os que esperam.

Essa percepção equivocada foi desmanchada com a insistência de que fazíamos uma pesquisa a respeito do cotidiano de crianças cronicamente enfermas, que estudava a presença dos médicos "inclusive".

Ficávamos em uma das cadeiras de uma mesa redonda de pequeno porte disponível ao lado da sala de espera, mas numa posição que permitia enxergar todo o território de espera e escutar sem dificuldades tudo o que fosse falado de forma minimamente audível.

As crianças foram informadas de que estávamos "falando delas". Tivemos autorização para gravar o que incluiu o consentimento das mães que receberam explicações sobre o registro de informações no caderno de campo.

Para as crianças, em pouco tempo, nossa presença se confundiu com a das próprias cadeiras. Éramos adultos de jaleco escrevendo silenciosamente no canto.

Como a ênfase direcionou-se predominantemente ao cenário de espera e às interações que ali se processavam, propositalmente não abordamos as crianças com a mesma intensidade que tivemos com as mães. As crianças aqui mencionadas geraram informações colhidas na dinâmica da observação. Ou seja, elas foram produtoras de gestos passíveis de captação quando do ângulo que olhávamos podia-se apreender pequenas representações do "eu", como diriam Goffman (2005) e Schaib (2005).

Quisemos interpretar o "posicionamento" de uns em relação aos outros dentro das situações de espera que os ambulatórios têm e que são inescapáveis para o enfermo crônico.

Foram coletados registros em microssituações de intensa produção e reorganização do corpo da criança, corpo este manejado por muitas mãos, à medida que as práticas, no sentido usado por Mol (2002), materializavam ali "corpos múltiplos", apresentados diferentemente conforme o recurso usado para descrever a asma, a dermatite atópica, a lesão ocular, e assim por diante.[1]

O objeto de nossa atenção não se restringiu àquilo que Mol (2002) denominou "praticalidades dos médicos". Essas "praticalidades" serão mencionadas novamente mais adiante, quando for comentado o manejo do corpo da criança.

O foco dos registros e da análise incidiu sobre o cenário e suas convivências, dedicando especial atenção à reconfiguração de sentido que a asma e as alergias pudessem receber, no específico da sala de espera, num contexto em que todas as crianças presentes têm as mesmas limitações, não sendo, portanto, estigmatizáveis "ali" por conta de seus corpos.

Na especificidade desta análise, a sala de espera é um cenário ocupado predominantemente por mães e filhos. Os profissionais da Medicina são os que manejam ordenações, temporalidades, preferências e, acima de tudo, são os que cortam a sala de espera e geram a expectativa de que, por obra de suas intervenções, seja regulado o tempo de permanência. Essa foi a moldura situacional percebida, para usar outra metáfora goffmaniana.

---

1. A autora demonstrou que um novo corpo reaparece em cada prática médica e que a mudança de perspectiva que cada ação especializada tem nem sempre equivale às muitas faces "do mesmo", mas sim à recriação constante que cada abordagem tem porque maneja "um pedaço diferente".

As salas de espera observadas são, sem meias palavras, inóspitas às crianças. Não contam com a presença de profissionais que com formação pedagógica pudessem acrescentar atividades lúdicas àqueles momentos tão demorados, e tampouco há conexão com livros e brinquedos.

Uma brinquedoteca, por exemplo, seguramente amenizaria os efeitos das longas jornadas de espera. Há expressiva naturalização da expectativa de que as crianças se adaptem à situação.

Aliás, essa expectativa as acompanha para além das salas de espera.

As crianças observadas têm uma experiência de corpo marcada pela busca permanente da adaptação às rotinas, sempre levando em consideração os limites de *performance* que se apresentam nas mais variadas circunstâncias. Os chamados limites ganham contornos especiais quando dizem respeito às atividades escolares.

Na escola, pelo que coletamos e ouvimos no tempo de realização da pesquisa, as limitações e as marcas corporais transformam a criança cronicamente enferma num "espetáculo à parte", tal como uma mãe descreveu à outra mãe a vida escolar de sua filha.

Como a rotina dessas crianças nesse hospital público é marcada por comparecimentos e retornos constantes, a referência comum ao transcorrer do dia (enquanto temporalidade percebida e vivida concretamente) é aquela que descreve o tempo de ambulatório como etapa que possibilita a vida escolar. As manhãs bem-sucedidas geram as tardes com bons resultados na escola.

As crianças participantes do Programa Educação e Asma são moradoras das zonas periféricas da cidade. Isso significa, pelas dimensões metropolitanas implicadas, que estamos nos referindo a pessoas obrigadas a fazer deslocamentos comparáveis a pequenas viagens.

O cotidiano dessas crianças é permeado por rituais de interação (Goffman, 2011) que ganham sentido e dinâmica própria conforme varia o lugar em que se tem a experiência coletiva de espera no hospital.

Por exemplo, varia se a espera diz respeito ao médico que fará a consulta de acompanhamento ou se diz respeito aos locais relacionados à medicação, à inalação, à internação etc. Os protagonistas das tramas aqui registradas acumulam horas e horas em salas de espera que adquirem dinâmica própria conforme mudam as personagens de cada contexto.

Sendo obrigatório reconhecer que a doença crônica não se molda à criança, e que ocorre exatamente o contrário, foi possível perceber que, considerando a jornada de um dia inteiro, a sala de aula inúmeras vezes foi ali referida como espaço-tempo de transição, um tempo-lugar ocupado que se apresenta "entre" as rotinas ambulatoriais do período da manhã e as incursões hospitalares noturnas. Essas incursões são repletas de um "previsível imprevisível", expressão recolhida na sala de espera que se refere à certeza de que uma crise respiratória pode irromper a qualquer momento.

Todas as mães e crianças analisadas também se referiam a si como se fossem "habitantes dos ônibus", considerando o já referido excesso de horas dedicadas ao deslocamento a que estão submetidas. Aliás, essa é a situação capturada nos diálogos travados entre mães que mais exige atenção ao conceito de "não lugar" de Augé (2010).

O modo de se referir ao ônibus, cujo uso implica grande repetição de horários e trajetos, revela a percepção de que essa experiência diária proporciona a certos usuários "assistir ao espetáculo do corpo em crise" dessas crianças. Essa inevitável quebra de fronteiras entre a situação particular e os domínios públicos reaparece em cada reclamação que retoma a caracterização dos espaços urbanos que essas mulheres ocupam com suas crianças. Todos os espaços são retratados com ênfase no caráter não personalizado de tudo o que usam. Têm aspectos de suas vidas desprovidos de privacidade, franqueados a estranhos que podem observar — o tempo todo — suas aflições e seus cansaços no acompanhamento de seus filhos por longas distâncias na cidade.

Quanto às crianças, depreende-se das falas a sombra temerosa dos longos episódios de internação. Muitas dentre elas apresentam um quadro de exacerbada fragilidade, pois vivem a experiência da asma conjugada com dermatites atópicas graves e repercussões expressivas na córnea. Estamos nos referindo às crianças que são muito ou muitíssimo medicadas, conforme a circunstância.

Este capítulo, embora tenha se beneficiado de longos depoimentos, entrevistas intensas e extensas e dinâmicas cujo *modus operandi* se aproximou da estratégia dos grupos focais, resultou do esforço etnográfico de recolher o sentido que a fragilidade dessas crianças adquiriu na tessitura das rotinas de espera.

Os cadernos de campo foram os depositários das principais referências passíveis de interpretação, no sentido que Geertz (2000) dá à "obrigação de interpretar" aquilo que está sendo descrito.

Entre tantas possibilidades, o que predominou no universo interpretativo aqui delineado foi a repetição de momentos nos quais as crianças e suas mães permanentemente "se refaziam" enquanto aguardavam a chegada do médico responsável.

Nessas situações foi possível recolher sentidos, referindo-me mais uma vez a Geertz (2000), e constatar que o corpo vulnerável da criança não está pronto, não chega pronto, mas adquire contornos singulares em meio aos processos de reorganização da fachada (Goffman, 2011 e 2014) que se processa incessantemente nesses cenários.[2]

A atenção ao refazer constante das fachadas permitiu registrar modos de lidar com a suposta "abjeção do corpo". O senso de abjeção foi percebido já nos primeiros momentos e fez lembrar (enquanto observávamos) algumas contribuições singulares que Judith Butler (2008) ofereceu e que se mostraram inspiradoras para

---

2. "[...] a fachada da pessoa claramente é algo que não está alojado dentro ou sobre seu corpo, mas sim algo localizado difusamente no fluxo de eventos no encontro [...]" (Goffman, 2011, p. 15). Fachada não é aparência, mas sim o contorno que cada um dá ao seu corpo/eu porque está com o outro, diante dele ou na presença de.

entender algumas questões que ali se construíram, inclusive relacionadas às configurações de gênero. Mas antes de explicar como as questões de gênero se apresentaram é importante chamar atenção para um fato relacionado às mulheres participantes.

Se este escrito pode ser anunciado como uma leitura goffmaniana da fragilidade de crianças que têm a oportunidade de expor um comportamento pleno de especificidades por ser esse comportamento, simultaneamente, público e particular, essa mesma leitura necessita abrir-se para não subestimar a relevância de uma questão que se apresentou em *todos* os momentos.

Trata-se da presença permanente de mulheres/mães na administração cotidiana do previsível e do imprevisível que acompanha aquilo que foi descrito inúmeras vezes por elas como "o fardo do adoecimento crônico". Em outras palavras, é a presença permanente de mulheres/mães e a ausência completa de homens/pais. A dinâmica da contradição presença feminina *versus* ausência masculina será comentada adiante.

Nas salas de espera, essas mulheres revelaram-se personagens singulares. Essa singularidade mostrou-se na forma como interagiam com os médicos.

Constatou-se que a chegada e o contato com o médico tornam-se "o" evento reordenador das "representações do eu" (Goffman, 2000). Essas representações estão ali em processo permanente de montagem e desmontagem.

O observador vai comprovando a densidade do já referido conceito de "corpo múltiplo" de Mol (2002). Em todas as situações nos deparamos com muitas "formas de asma e de dermatites" produzidas na sala de espera e nas salas de procedimentos específicos.

Na sala de espera, a expectativa de "expor uma imagem ao doutor", inúmeras vezes, revelou um corpo de criança aberto ao manejo, resultante tanto da *performance* do profissional que aponta detalhes nas radiografias, nos exames e nas demonstrações icônicas do que "está acontecendo" com cada uma delas quanto do constante arranjo que cada mãe faz em cada corpo para tentar garantir "a forma mais propícia" para que o médico veja e "confirme" o que foi relatado "em nome da criança".

Assim, este escrito se reporta às numerosas anotações de caderno de campo para descrever as situações nas quais o detalhamento da asma ou da dermatite se refazia.

Nesse fazer e refazer foi possível registrar diferentes modos de mostrar e esconder o corpo da criança; diferentes modos de as crianças usarem o corpo da mãe na interação com adultos presentes e diferentes formas de fazer referência aos limites corporais dos filhos, misturando imagens desses limites às referências que cada mãe fazia sobre o próprio corpo (de mãe e de mulher), proporcionando aos atores presentes intensa circulação de interpretações sobre o feminino quando em situações-limite.

Vamos detalhar.

Modos de mostrar, estratégias performáticas

Queremos deixar mais claro como emergiu a questão de gênero e por que a obra de Butler foi lembrada.

A partir das décadas de 1980 e 1990, o amplo reconhecimento que a obra de Judith Butler recebeu ampliou o acesso a estudos interessados nas chamadas "regiões sombrias **da ontologia**" (Butler, 1998) e que dizem respeito ao "existir **do corpo abjeto**".

Nas palavras da autora, a "abjeção **relaciona-se a** todos os tipos de corpos cujas vidas não são consideradas **vidas e cuja** materialidade é entendida como não importante" (**Butler, 1998**).

Uma advertência e um reconhecimento: não é possível transpor a análise de Butler para este livro sem incorrer no risco de apropriação caricatural de sua perspectiva crítica somente para delinear um objeto que é deste estudo e não foi por ela analisado.

Sabemos que a autora tornou-se um ícone da renovação crítica dos estudos de gênero e que, nesse sentido, sua análise aguda a respeito da construção do sexo e da abjeção de certos corpos é referência obrigatória (cf. Butler, 1990, 1993). No entanto aqui a lembrança da densa argumentação dessa autora tem o objetivo de usufruir não propriamente de suas respostas, mas sim das muitas perguntas que sua rica obra estimulou e estimula.

A construção do corpo no bojo de sua argumentação, marcada por sua atenção àquelas situações em que alguém se torna aquele que tem um "corpo abjeto", permitiu a seus interlocutores indagar sua obra e ampliar o escopo de seus próprios interesses, solicitando à autora que se dispusesse a indicar "que tipos de corpos poderiam contar como corpos abjetos? Prostitutas, travestis, dementes? O corpo andrajoso, o corpo mutilado, o corpo velado?" (Prins e Meijer, 1998).

Para o que interessa aqui, capturamos nesse debate a referência ao corpo velado, com o objetivo de trazer à luz um aspecto que se mostrou constante e tenso nas rotinas do ambulatório de alergia.

A criança com asma lida com a própria fragilidade, mas sem a tensão estética que se faz mais visível no modo de lidar com o próprio corpo das crianças com dermatite atópica. Essas se esforçam por manter o corpo guardado, escondido, velado o tempo todo, de modo a evitar o máximo possível a exposição das lesões de sua pele.

Os diálogos de sala de espera entre adultos, entre crianças e entre adultos e crianças renovam constantemente as referências ao "corpo que ninguém gosta de olhar"; "à pele que dá aflição em quem olha"; "à pele que dá vergonha".

São crianças que se apresentam invariavelmente agasalhadas, mesmo em períodos de intenso calor, e que fazem de seus agasalhos uma espécie de véu (sempre insuficiente) manejado para separar a pele que se tem dos olhos de quem repara.

Dentre as crianças que participaram da pesquisa, algumas apresentaram um quadro de asma somado à dermatite atópica, e algumas desenvolveram também conjuntivite alérgica, com expressivo comprometimento dos olhos. Na soma, muitas apresentaram um quadro complexo com limitações impostas pelas intercorrências combinadas dessas doenças crônicas.

Mas, enfim, por que nós nos referimos às questões de gênero?

Eis o porquê:

As mães compartilham diagnósticos enquanto aguardam a chegada dos médicos responsáveis e reiteram opiniões que tornam a asma uma doença "de menina". O conteúdo implícito dessa opinião se mostra mais nitidamente nos diálogos anotados que permitiram registrar expressões como "a asma massacra a masculinidade natural dos meninos".

E em que sentido esse "massacre da masculinidade" é compartilhado?

As mães presentes repartiram convicções de que a *performance* física do asmático é um castigo ao menino que "nasce para correr" e que, "diferentemente das meninas", não se "conforma em brincar parado", tal como elas fazem, por suposto, "naturalmente".

Com sentido inverso, a dermatite atópica é narrada como "doença de menino", mas que abate incisivamente o feminino das meninas. Foi possível colher ideias relacionadas ao "corpo de menino" como corpo que "não precisa tanto esconder-se" (embora se esconda), e do "corpo de menina" que "se não esconde a lesão, morre de tristeza", porque a dermatite, assim pensando, subtrai a possibilidade de ser vaidosa, um atributo também considerado "natural".

Ali se constrói, então, um sentido próprio para a experiência de pele que a dermatite atópica suscita. Uma divisão crivada pelas questões de gênero se estabelece, ou melhor, se estabiliza.

As marcas da pele se configuram naquela sala de espera como percepção unânime de abjeção (quando presente num corpo de menina), ou de limitação (quando presente no corpo de menino). Têm-se, assim, dois sentidos distintos para a dermatite.

O velar e o desvelar dos corpos têm jogadas — no sentido usado por Goffman (2011) para o conceito de jogada — nas quais é possível perceber diversas apropriações do corpo da criança, corpo este que é manejado com o objetivo de reforçar argumentos das mães.[3]

Assim, enquanto aguardam, as pessoas ali presentes compõem um tabuleiro de posições cujas peças se deslocam continuamente.

Três movimentos são passíveis de registro. As crianças se posicionam umas em relação às outras, todas em relação às próprias mães e em relação às mães das outras crianças.

As mães manejam o corpo das crianças em várias circunstâncias.

Dialogam a respeito dos processos de melhora ou piora do quadro de seus filhos e "laçam" com ambos os braços a criança para mostrar partes do corpo que possam comprovar o que está sendo narrado.

O corpo velado da criança é descrito com metáforas do estrago como, por exemplo, a comparação entre o "empipocar" da pele com o alastrar da "ferrugem" nas superfícies de metal.

Para se demonstrar o quanto aumentou ou diminuiu a "vermelhidão" e o "empipocado", a criança é puxada da situação de interação com outra criança, e na demonstração que se organiza em meio à situação de conversa entre os adultos presentes, o corpo parcialmente se desvela.

Calças que se abaixam e blusas que se levantam materializam-se como pequenas cortinas que abrem microexposições e dão aos olhos o espetáculo da mancha, da lesão, do prurido. As mães que manuseiam esse subir e descer dos "véus" projetam olhares que se deslocam, movendo-se da face das outras mães para a parte do corpo desvelada e vice-versa. Esse mover dos olhos tem base na lógica que quer comprovar com exemplos o que se está argumentando (aumento ou diminuição de lesões) e proporciona um efeito recorte.

---

3. O conceito de jogada diz respeito à cada microação em que cada um age na imediata reação àquilo que o outro fez e que permite presumir o que fará na sequência.

Por efeito recorte pode-se entender a dinâmica de exposição das partes lesadas dos corpos das crianças na sala de espera como se a técnica de expor retirasse, recortasse de cada uma os pontos de abjeção, tornando-os comparáveis entre si, como se fossem independentes das próprias crianças. Os médicos também produzem um efeito recorte que será comentado mais adiante.

A mancha é tratada como elemento exterior que foi "grudado" ao corpo. Expor as manchas parece não ser o mesmo que expor o corpo, mas as crianças não se deixam conter nessa didática demonstrativa. Movem-se e contorcem o corpo até escapar.

Esse gesto de desprender-se dos braços maternos imediatamente reforça às mães a impressão de que "a criança não suporta mostrar o problema que tem", frase que é reforçada com olhares e expressões faciais de concordância e assentimento.

A dinâmica desse contínuo desvelamento é admitida na realidade ambulatorial, pois as narrativas coincidem na afirmação de que na escola e em outros ambientes o corpo permanece oculto.

Na produção dessa "etiqueta ao redor do corpo danificado", expressão nascida no simbolismo das limitações analisado por Murphy (1990), os códigos do masculino e do feminino são continuamente reelaborados.[4]

Gestos e gêneros

Aspectos específicos relacionados à presença daquelas mães na sala de espera demandam atenção a vários repertórios de gestos. Aqui, é possível mencionar ligeiramente um aspecto que sempre

---

4. Robert Murphy foi o antropólogo norte-americano que viveu a triste experiência da doença degenerativa que permitiu a ele escrever sobre o processo que, em suas palavras, foi gradativamente silenciando seu corpo. Diante do "corpo danificado" tudo se reelabora, até o masculino e o feminino.

demandará mais pormenores, alguns, inclusive, aparecerão no desenrolar das narrativas que se apresentam neste livro.

Nós nos referimos ao conjunto de gestos capturados na observação que permitiu — na soma com tudo o que foi recolhido — construir uma interpretação relacionada à percepção que aquelas mulheres tinham (têm) a respeito de si mesmas, especialmente no que toca a um pensar em si em relação aos médicos que elas aguardavam.

Foram muitas as situações que favoreceram recolher manifestações produzidas em voz alta com as quais as mães expressavam (umas às outras) a sensação de irrelevância que acompanhava a presença de todas naquele cenário.

Dia após dia eram renovadas as narrativas dentro das quais ganhava relevo a indicação de que os médicos "falam entre si", "mostram resultados para alunos" e "perguntam para as mães, olhando para as crianças".

Eles, os médicos, "falavam entre si" como se "elas não estivessem presentes", e elas confirmavam reciprocamente que escutaram expressões como "as mães não se lembram de que [...]".

Uma queixa dispara outra sucessivamente: "perguntam para as mães" e "desviam o olhar em direção aos outros presentes". Embora perguntem às mães e às crianças, os médicos expõem resultados com base na observação da pele ou na ausculta do peito, o que "parece não considerar nada do que foi respondido" por elas.

Assim, certa percepção de desprestígio suscita negociações diretas com as crianças, tentando por assim dizer preparar uma *performance*, negociando a quebra dos próprios parâmetros de masculino e feminino.

O exemplo mais claro dessa quebra de parâmetros se apresentou quando uma espécie de apelo se dirigiu a um dos meninos. Um deles foi convencido a "atuar um pouco mais delicado" diante do médico, "deixando de ser tão corajoso" para mostrar que os problemas eram enormes e assim reforçar que a gravidade da situação não era descuido da mãe, pouco disposta a "levar mais uma bronca".

Essa situação não chamaria tanto a atenção se esse menino não fosse o mesmo personagem que mais insistentemente ouvia reparos assertivamente apresentados com frases do tipo "esqueceu que homem não chora?".

São situações nas quais os meninos são chamados a desempenhar *scripts* do feminino, mediante a apresentação de uma economia simbólica que reparte argumentos que indicam ser "vantajoso para a própria criança se o médico acreditar mais nela". Percebe-se o consumo de representações do feminino como expressão do mais frágil.

Ressalte-se que, naquele cenário, vantajoso sempre significou uma representação da troca e do benefício, ou seja, adotar a estratégia ali pactuada significaria "ficar menos tempo", "voltar menos vezes".

Já as meninas são advertidas de que "naquele lugar", com "aquelas pessoas" não é preciso ser "tão menina" (o que ali quer dizer vaidosa), e que é melhor não dificultar e mostrar o corpo. O "desprendimento" dos meninos torna-se um elogio com dimensões comparativas: "não têm frescuras".

Aqui se apresenta a oportunidade de prestar atenção àquilo que Goffman (2014) propôs quando analisou rituais de interação.

Antes, porém, lembramos que Wulf (2013, p. 39) pede atenção à relevância da "administração dos gestos" pela comunicação facial, indicando que "[...] o olhar de outras pessoas constitui a esfera social, e nesta categoria, nós podemos distinguir olhares íntimos e públicos".

Por que essa observação de Wulf é necessária aqui?

Convencidas de que não estão inteiramente contidas no olhar médico que se move do corpo da criança para o olhar dos outros médicos residentes, as mães tentam interferir no preparo dos gestos e dos modos dos filhos considerando que um círculo de restrição se organiza no momento em que, com a criança no centro, a roda de análise se organiza.

Como a "intimidade" que se estabelece nesse *intramuros*, mãe à margem, conecta olhos com lesões e ouvidos com chiados, na anterioridade da sala de espera busca-se organizar previamente a exposição do corpo para que a criança possa obter das descrições e prescrições que ali circulam aquilo que as mães presentes consideram imprescindível, que é a separação entre conduta e enfermidade.

O que seria essa separação entre conduta e enfermidade?

Indicações estratégicas como "mostre bem", "levante a blusa", "respire bem fundo", "não se coce" são apresentadas na situação de espera com base na expectativa de ouvir do médico a declaração de que tudo corre bem em termos de conduta familiar, no que toca ao cuidado da criança. Nessa desejada situação ideal, o agravamento dos problemas derivados dos quadros alérgicos, inflamatórios e respiratórios é acompanhado da expectativa de ouvir um elogio do médico a tudo o que é feito pela mãe, separando o "insucesso" manifesto nos quadros de piora das boas condutas estimuladas em casa e "reservando" o "estoque de aversões", para usar uma expressão de Elias (2005), à presença "da doença em si".

A tentativa de organizar a *performance* da criança antes da chegada dos médicos responsáveis pelo atendimento lembra o quanto é adequada para essas situações a utilização das categorias porte e deferência construídas por Goffman (2014).

No âmbito das interações face a face, as propriedades rituais das pessoas se revelam (e se mostram como tal) somente porque a copresença se torna o parâmetro mais decisivo na produção daquilo que o autor denomina como materiais comportamentais que são olhares, gestos, posicionamentos e enunciados (Goffman, 2014, p. 51-95).

Nesse sentido, Goffman salienta que o "uso de sinais e símbolos mostra as avaliações mútuas (que) são comunicadas por coisas muitos pequenas...", como a leve mudança de tom, por exemplo.

O ruído provocado pelo automóvel do médico, com o qual todos têm visível familiaridade, desencadeia reorganizações do porte (falam mais baixo, ajeitam o cabelo, voltam para a cadeira...). Exibe-se em cada uma das presentes um desenho corporal "pronto" para a passagem do médico, personagem que cortará o cenário passando por regras de interação simétricas e assimétricas (Goffman, 2014, p. 56).

Em outras palavras, as posturas adquirem gestual, silêncios e acompanhamento com os olhos que demarcam a assimetria entre os que esperam e os médicos que chegam, uma vez que elas demonstram que se sentem obrigadas a apresentar com gestos sua deferência àquele que adentra e passa em direção ao gabinete.

As personagens que circulam na sala de espera incluindo aquelas que trabalham no ambulatório, todas indistintamente são tratadas por "você".

Senhor e senhora é um tratamento reservado aos "doutores que chegam", passam e se dirigem aos gabinetes para as reuniões que precedem o atendimento.

Concluída a passagem do médico pela sala de espera, o repertório de gestos reinstala a simetria anterior nos gestos praticados entre os presentes, desmanchando-se os rigores posturais diante dos demais que aguardam ou diante dos que trabalham no local. Ou seja, são refeitos os gestos dos que se percebem em comunicação horizontal, porque o ângulo de visada em relação àquele que é considerado emissor de um olhar "na vertical", "de cima para baixo", se desfaz quando a porta do gabinete do consultório se fecha.

Por dentro das oscilações nos "estados de fala", o eu da criança é intensamente profanado, para usar mais uma vez os termos goffmanianos (Goffman, 2000).

Essa "profanação" se dá à medida que o ruído do automóvel aciona um frenesi que leva a puxar os pequenos corpos em direção dos peitos das mães, que com uma mão os prendem pela cintura e com outra iniciam a administração dos corpos alisando cabelos, forçando o assoar dos narizes, aprumando a roupa e repassando as estratégias da autodemonstração que terá início tão logo os nomes começarem a ser chamados.

As crianças reagem aos excessos no manejo de seus corpos e demonstram que estão também lidando com a própria postura, mas tomando por referência o olhar das outras crianças. Claramente consideram ser humilhante ter a aparência arrumada à força.

Trata-se de situação propícia para aplicar o conceito de "fachada" (Goffman, 2011). Fachada como já foi observado é menos um conceito que descreve a "entrada" de alguém nos modos do corpo do outro para reorganizá-lo e é mais um conceito-chave para se compreender o próprio fazer-se diante dos pares.

Cada criança inicia imediatamente um processo de "desmanche" do aprumo levando em consideração seu "lugar" e sua imagem diante da outra criança, mostrando vantagem na recuperação do eu um pouco antes profanado e exibindo um novo desmantelo, compreensível apenas no sentido, tal como ensinado no já mencionado Geertz (2000), que cada microgesto adquire na situação que se monta enquanto um observa o outro sendo preparado pela mãe e, ato contínuo, desarrumado por si mesmo.

Para reconhecer um desmanchar de topete como vantagem estratégica diante do outro é preciso identificar nos rituais de interação da sala de espera as diferentes faixas de interlocução que os presentes têm. As crianças interagem entre si permanecendo no raio de alcance (manual) das mães.

Voltam (com resistência) para "as asas" e saem continuamente desse jogo de entrelaçamento para mostrar algo àqueles que estão "entre mães". Esse lugar ("entre") é um espaço, uma situação de intensa troca mimética e, ao mesmo tempo, de intensa demarcação do que se conseguiu em termos de autonomia em relação à permanente intenção das mães de "gerenciar" seus corpos:

> [...] o domínio das propriedades situacionais é totalmente composto daquilo que os indivíduos podem experimentar uns dos outros

enquanto mutuamente presentes, e já que é possível interferir com os canais da experiência de tantas formas, estamos tratando não exatamente de uma rede de regras que precisam ser seguidas, mas de regras que precisam ser levadas em consideração [...]. (Goffman, 2014, p. 53).

Dentro desses limites, as crianças mantêm uma distância estratégica em relação às mães, uma vez que o estorvo de ser realinhado a cada passagem de médicos é compensado pela utilização do corpo materno para fins únicos. Refiro-me às vezes em que a criança decide dar as costas a um adulto, e, quando isso ocorre, o "lugar" mais constantemente construído para esse gesto de negação é o peito da mãe, que permite esconder o rosto ao mostrar as costas.

Mas o que é desse conjunto tão instável de situações quando as crianças não estão? O que ocorre quando as crianças são conduzidas aos locais de procedimentos específicos e as mães sem sair mudam de lugar, ou mudam dentro do "não lugar" para retomar o conceito já usado de Augé?

O contexto em que as mães esperam suas crianças oferece condições para que outras camadas do cotidiano se apresentem.

Mulheres mães no tecido intrainstitucional

Com exceção de uma, as mães que são personagens dessa trama compartilham amargores originados na experiência do que elas mesmas denominam de abandono.

Relatam que seus companheiros as abandonaram à medida que o cuidado com as crianças mostrou-se inescapavelmente intenso e contínuo:

"Eu sou casada com a minha filha e não tenho mais esperança de ter um homem comigo [...], ela é vinte e quatro horas do meu dia."

Vinte e quatro horas é uma representação do interminável, lembrando que as crianças observadas têm vida escolar.

Mas é na constância do deslocamento da casa para o ambulatório, do ambulatório para a escola e desta para casa que as mães participantes revelam aspectos constitutivos de seus pontos de vista, aspectos estes que podem ser analisados com a contribuição de Barry Mayall.

Mayall (2002) dedicou muita atenção ao tema da divisão do trabalho reconhecendo que as consonâncias e as dissonâncias entre os domínios público e privado são aspectos fundamentais para abordar a infância em uma perspectiva geracional, ou seja, para abordar crianças na teia de cuidados e relações interdependentes em que se inserem, o que diz respeito às suas mães.

Essa autora demonstra a persistência e a força das imagens que naturalizam o domínio público como masculino e o domínio privado como feminino. Há certa "reserva de honorabilidade" ao trabalho feito fora de casa e certa "reserva de depreciação" aos labores da casa.

As queixas mais contundentes das mães estão associadas àquilo que denominam como "incompreensão geral de todos" a respeito da singularidade de suas existências. Traduzem nos comentários que fazem às narrativas que são construídas no lugar de espera a certeza que têm de que os excessos e as sobrecargas a que estão sujeitas estão associados à percepção social de que "esse acompanhamento das crianças é coisa pra mulher".

Dos companheiros que tiveram, elas conservam a opinião de que eles não entendiam "o quanto" uma criança cronicamente enferma exige em termos de dedicação. Avaliam que estiveram em relacionamentos nos quais a mãe precisava sempre competir com a mulher, e esta sempre perdia.

Deve-se levar em conta que a pesquisa encontrou concretamente mulheres pobres no contexto que se ofereceu à análise. Assim, há de se considerar que estamos nos referindo a mulheres que desde muito jovens participam do trabalho remunerado fora de casa e que, por isso mesmo, aquilo que se configurou e se configura como maternalidade em suas vidas é também um exercício permanente de negociação e resistência.

Negociam com filhas mais velhas o cuidar da criança cronicamente enferma, assim como negociam com avós, com irmãs e com vizinhas o acompanhamento das prescrições médicas, do cuidado em relação a determinados agentes que disparam crises alérgicas. Negociam com patrões o não desconto de faltas imprevistas e negociam com os de casa alguma oportunidade para sair com alguém (... "que nunca acontece"...).

Elas se sentem cobradas por familiares, que expressam gestos de reprovação toda vez que conseguem emprego, e sentem isso porque escutam reiteradamente que "aquela criança dá muito trabalho". Assim desabafam umas com as outras afirmando que saem perdendo sempre, pois quando conseguem emprego alguns afirmam que "não pensam na criança", e quando ficam em casa também escutam a mesma acusação em sentido inverso, "não pensam na criança que precisa de mais recursos".

Participam de um cotidiano intensamente contraditório.

O que Mayall (2002) oferece de mais rico para analisar a elaboração do cotidiano dessas mulheres é o conceito de "domínio intermediário".

Essas mulheres são agentes ativas da construção do feminino, do maternal e do laboral que permeia suas existências. Porém, são construtoras de si em contextos que reiteram sempre suas desvantagens pessoais e sociais.

Essas mães vivem a experiência contínua de negociar seus saberes e suas práticas apresentando o que sabem "como mães" e "como mulheres" e lutam o quanto podem para configurar os espaços institucionais vividos por suas crianças como "domínios intermediários".

Para compreender o conceito de domínio intermediário é necessário lembrar o que Mayall afirmou a respeito da educação infantil na Inglaterra, que é a origem dessa perspectiva conceitual.

Mayall constatou que a luta por creches na Inglaterra foi um processo importantíssimo na própria configuração das lutas de mulheres que perceberam a importância de fazer com que os territórios educacionais absorvessem aspectos do domínio privado (das casas) para que cada criança recebesse na instituição uma atenção capaz de ampliar o cuidado familiar, sem tornar-se (a creche) um ponto de ruptura em relação a casa.

Ou seja, a apropriação que a mulher fazia dos espaços de trabalho se efetivava com a quebra da dicotomia entre os domínios público e privado, promovendo-se uma intensa inversão de sentidos.

Qual inversão?

[...] a da divisão que toma por natural que o trabalho é uma característica do domínio público enquanto as atividades da esfera privada são consideradas não trabalho. [...] A noção de consumidores de serviços de saúde (ou de educação) é um equívoco sociológico. Pessoas não podem ser consideradas passivas consumidoras do trabalho oferecido por provedores de serviços. Todos devem ser vistos como trabalhadores [...]. A defesa de que aquilo que as mulheres fazem em casa também deve ser contado como trabalho [...] proporciona reconhecer importantes negociações entre pessoas pagas e pessoas não pagas o que ocorre no âmbito dos domínios intermediários, porque esses locais são arenas onde o chamado interesse público e o interesse privado familiar intersectam (Mayall, 2002, p. 10-11; tradução nossa).

As mulheres se fazem fazendo ao mesmo tempo os espaços que possam garantir bem-estar e que esse bem-estar possa transcender suas próprias pessoas e que consigam abranger crianças como um todo. Essa abrangência é a marca mais profunda da construção de cada eu feminino no âmbito da experiência vivida com suas crianças e para suas crianças.

As mulheres que participaram da análise ensejada pela pesquisa que deu origem a este escrito são pessoas que ocupam os lugares institucionais que dizem respeito a seus filhos (no âmbito da educação e da saúde) não apenas como consumidoras desses serviços, mas também como sujeitos políticos. Referimo-nos a sujeitos que se (re)organizam para reverter subalternidades que se apresentam no relacionamento que têm com médicos (que não as escutam), com professores (que se queixam de que não têm obrigações para com a enfermidade dos alunos) e que usam seus saberes para reinventar o cotidiano, utilizando aqui a rica expressão de Michel de Certeau (2005).

As mulheres negociam o tempo todo para que o ambulatório tenha "algo a ver com casa", o que se repetirá em relação à escola e que será tratado na parte final deste capítulo.

De barulhos e habilidades: reinvenções do cotidiano

Analisando o material recolhido em caderno de campo, percebe-se que o medo de morrer foi lembrado por todas as crianças participantes. Referiam-se ao temor de que uma crise de grandes proporções pudesse ser a derradeira.

As mães comparam o tempo vivido até que o diagnóstico se confirmasse e se consolam mutuamente reconhecendo que todos os filhos ali mencionados iniciaram a jornada de rotinas ambulatoriais com pouca idade.

Os episódios de internação são descritos com tons sombrios, e essas descrições têm em comum a alusão aos barulhos da doença.

O chiado do peito é unanimemente tratado de "gato". A intimidade com "o gato" proporciona recolher sentidos convergentes para a autoridade materna em relação ao problema, o que significa um tipo de "especialização", algo que se insinua como uma convicção de que o convívio torna o ouvido materno "mais habilidoso".

As situações de internação são permeadas pelo medo, pela insegurança e pela aversão ao vexaminoso. A entrada da criança no hospital em situação de crise é acompanhada da expectativa de receber severa reprovação por parte dos médicos e enfermeiros.

A reprovação tem um fundo comum em todas as narrativas. Temem ouvir: "Por que demorou a trazer a criança?".

Compartilham a opinião de que os profissionais da saúde ignoram dificuldades concretas e, principalmente, que ignoram quão intensa é a atenção que dispensam às crianças e aos sintomas que anunciam as crises.

No âmbito dos diálogos relacionados às experiências de internação desponta a partilha de informações relacionadas às "técnicas" para diferenciar os "gatos":

— [...] "quando o miado é mais curto..."

— [...] "mas quando o miado vem e volta..."

Todas têm a mesma opinião em relação ao que é necessário conhecer para antever uma crise:

— [...] "a mãe que está ali o tempo todo sabe o que quer dizer cada tipo de barulho".

A acuidade na detecção dos ruídos que indicam oscilação no "modo de miar" do peito da criança é tema que abre espaço ao registro das "pequenas rebeliões".

Pequenas rebeliões são estratégias que são reinventadas em cada casa para distanciar uma crise da outra. Tentar governar esse processo que busca espaçar internações e crises é uma das dimensões do cotidiano que se mostra bastante permeável à busca de paliativos e à comparação entre crianças.

Entra em cena uma espécie de "botica clandestina".

Há intensa troca de "fórmulas" chamadas genericamente de xaropes (de casca de abacaxi; de hortelã com...; de folha de manga; de rabanete com açúcar mascavo etc.) e fórmulas também relacionadas às exacerbações das dermatites com técnicas para umedecer a pele e evitar ressecamento ("com banhos mornos; com panos úmidos"...).

Há intercâmbios de informações recolhidas na devoção popular (como as chamadas simpatias). Mas há demonstração clara também de que são mães de crianças hipermedicadas. Têm familiaridade com as formas de descrever os efeitos da cortisona e dedicam tempo considerável às experiências das crianças com as "bombinhas".

As técnicas para identificar os chiados no peito, a produção caseira de xaropes e "calmante do peito", a partilha de técnicas para umedecer a pele são aspectos da reinvenção das dinâmicas de descanso num cotidiano desprovido de amenidades.

O alongamento do tempo usufruído nessas poucas situações de amenidades ressurge como "pequeno trunfo" nas igualmente pequenas rebeliões da fala; ocasiões em que a autoridade médica é confrontada com saberes que elas projetam para fora dos domínios da medicina: "eu obedeço porque é para o bem dela, mas o que dá certo não é só por causa do que o hospital faz. Tem o que a gente faz em casa...", "é soma".

Uma das mães apresenta a seguinte questão:

— "Elas vão aprendendo, aprendendo e chega um dia que elas ficam mãe da gente; mãe da mãe. Porque chega um momento em que elas lembram sozinhas do horário dos remédios [...]".

A referência às filhas que assumem papéis de maior responsabilidade no dia a dia aparece quando na sala de espera a conversa gira ao redor da palavra "genética".

Elas relatam as preleções médicas relacionadas às origens dos problemas ali enfrentados e evidenciam a perplexidade que carregam por lidarem com um problema "insolúvel", "trazido da família".

A maioria das mães participantes tem mais de um filho na mesma situação. Por isso, é possível observar a transmissão intergeracional de argumentos médicos.

As mães se ressentem da forma como são tratadas por médicos, mas reforçam junto às filhas a autoridade dos argumentos recebidos no âmbito do relacionamento com doutores e enfermeiros. Filhos mais velhos dirigem-se a irmãos menores com argumentos que "pulam" a autoridade materna:

— "[...] isso não foi a mãe que explicou, foi o médico..."

Mas as mães não deixam de compartilhar as técnicas de identificação dos chiados com os filhos sem evocar um saber próprio, quase uma técnica acompanhada de memória afetiva: "[...] assim como eu faço com você, faça com ela...".

"Assim como eu faço" é expressão ubíqua, presente nas manifestações que direta ou indiretamente se referem ao futuro das crianças.

Se a asma é responsável por crises apavorantes, é necessário lembrar como já explicado ao início que essas crianças apresentam um quadro que conjuga a asma com dermatites atópicas e, não poucas vezes, com conjuntivites alérgicas. Algumas vivem a experiência dos enxertos, e quase todas manejam palavras como "amoxicilina" com desenvoltura.

A situação da pele de algumas crianças proporciona um ângulo especial para o observador, cujos pormenores recolhidos na perspectiva da proximidade podem ser analisados com mais detalhes se a sala de espera for abordada mais uma vez com a presença das crianças.

O corpo como lugar

Como afirmamos no início, as salas de espera observadas são adaptadas às enfermidades, não aos enfermos. São lugares muito inapropriados para crianças, considerando a exiguidade de espaço, o déficit de elementos lúdicos, a ausência de brinquedos e de profissionais que possam intervir educativamente na situação (como pedagogos em brinquedotecas, por exemplo).

Nesses espaços as crianças têm diferentes experiências de verticalidade.

De forma geral, as crianças mantêm-se em posição desfavorável nas interações com pessoas mais velhas, porque sempre olham para cima.

As experiências de horizontalização do olhar são vividas mais constantemente com outras crianças. A exceção a essa regra aparece nos momentos de consulta nos gabinetes, nas situações em que as mães são chamadas a entrar, e, por vezes, nesses casos, mantêm as crianças em seus colos. Nessa posição, as crianças conseguem interagir com o médico sem necessariamente olhar para cima.

De forma geral, no âmbito de um espaço ambulatorial se renova a percepção de que as cidades são indiferentes às crianças, especialmente às mais novas. Essas não somente experimentam o mundo quase sempre olhando para cima como também padecem os efeitos de serem sempre interpeladas com olhares e gestos advindos dessa assimetria. São mensagens que levam como conteúdo indireto o lugar da criança como espaço recipiente de gestos produzidos sempre de cima para baixo.

Mas se os espaços são inadequados para a presença de crianças, é necessário deixar claro que nada impede a reinvenção dos territórios por parte dos pequenos.

O colo, por exemplo, é um território estratégico nesse cenário. Nas cenas em que estão presentes apenas mães e crianças, estas circulam no já mencionado espaço que se cria entre as cadeiras, entre as mulheres.

A "subida para o colo" não é frequente, mas quando ocorre faz parte de um deslocamento de uma criança que se desembaraça de uma interação com outra criança usando a mãe para obter esse distanciamento. Ou seja, o corpo da mãe é usado como "escada" que possibilita vislumbrar a outra criança "de cima".

As mães não tardam em devolver a criança ao chão e não interrompem a conversa e até relatam que esse "sobe e desce acontece sempre".

Trata-se de um ritual de interação, na acepção de Goffman (2014). Aproximam-se, retomam os detalhes de uma intimidade que se processa na partilha do mesmo serviço público, usam os corpos de suas mães para dar as costas, para olhar de cima e para descansar, mas acima de tudo ocupam esse espaço demonstrando que estão menos preocupados com os efeitos das marcas que suas peles possam revelar ao olhar do outro.

Ainda que em alguns momentos a pele estivesse em condição muito fragilizada com a exacerbação de sangramentos, ressecamentos intensos, escamação e pruridos, ali, naquele território dinâmico, não se produz a abjeção que facilmente desponta noutros lugares, noutras instituições.

Na sala de espera, como todas têm problemas semelhantes e equiparáveis, ocorre sempre uma comparação "de cascas".

A pele nunca é invisível; ao contrário, é nossa primeira fronteira nos infindáveis territórios que se configuram na direção do outro. Porém a pele pode ser mais ou menos ocultada, guardada em panos.

Essas crianças escondem a pele o quanto podem, mas essa ocultação é atenuada quando estão juntas. Quando o olhar se detém na ferida do outro se tem a impressão que um pequeno gesto avaliativo está em curso, como se ocorressem pequenas comparações entre o que se vê e aquilo que se sabe que está guardado sob a própria roupa.

Pequenos tapas acontecem o tempo todo e provêm das mães que tentam assim impedir que se cocem. Ameaças mais severas ocorrem quando o lugar coçado é o olho.

Na sala de espera, essas crianças não experimentam as demarcações da diferença com as quais convivem intensamente nos ambientes escolares. Na escola, sim, a abjeção se projeta e se torna um peso na vida dos que têm dermatites graves. No ambulatório, todos têm a mesma dificuldade com a pele, com os olhos e com os pulmões. As distinções ocorrem quando estão na companhia de outras crianças, que não padecem a presença da doença crônica, e especialmente não têm afecções de pele.

Todas as crianças observadas no ambulatório sabem que a paridade que experimentam naquelas salas de espera será desmanchada nos cenários escolares que as aguardam após as atividades de acompanhamento e tratamento.

Cada uma delas tem no próprio corpo um objeto de farta demonstração, comparável às amostras postas em lâminas de microscópio. Gestos demonstrativos aparecem e se intensificam quando a criança é chamada para verificação do estado da pele com a intenção de expor lesões para médicos residentes.

São crianças impúberes que demonstram mais desconforto com a exibição da lesão do que com o quase desnudamento que a situação proporciona.

Como já foi comentado, ocorre aí uma cisão, tem-se um efeito recorte. Estabelece-se uma simulação no âmbito dessas interações da qual todos se apropriam, adultos e crianças, e que resulta na reiteração ampla de que, ali, não se olha o corpo, mas a ferida, como se essa fosse uma exterioridade em relação àquele.

Assim, o corpo velado, cotidianamente não disponível, é solicitado para que seja possível demonstrar a "evolução de um quadro", e com os mais variados repertórios de convencimento essa argumentação é reforçada junto às crianças, a ponto de, em certo momento, elas mesmas explicarem umas às outras que tal cisão faz parte do jogo.

Torna-se possível pensar a dermatite que é "produzida" nesses diálogos entre médicos e residentes. Retomo os critérios analíticos de Annemarie Mol (2002).

Mol valeu-se da palavra *enactment* para se reportar a momentos nos quais as práticas médicas "personificavam" a doença a ser mostrada, gerando no âmbito dessas "praticalidades" sucessivas recriações do mesmo objeto.[5]

De fato, assim como na pesquisa realizada por Mol, a dermatite daquelas crianças ou mesmo o quadro asmático de cada uma ganham personificações que variam conforme são indicadas num

---

5. Mol produziu uma das mais densas etnografias relacionadas à experiência da aterosclerose.

aparelho ou desenhadas em papel. Não são simplesmente variações do mesmo, mas sim algo de próprio que se produz nas diferentes práticas de mostrar, práticas estas que, ao mesmo tempo, recriam o que mostram.

No transcorrer dos processos de verificação e demonstração do quadro clínico de cada criança ocorrem diálogos que também "pulam" as mães, ocasiões em que os médicos apontam a pele lesada e se referem ao trato materno dialogando com os residentes:

— [...] "é aqui que faz diferença se a mãe aplica ou não..."

Referências à vida escolar e as mediações necessárias

Não convém concluir este capítulo sem mencionar as referências sobre a vida escolar colhidas nessa experiência de observação em salas de espera.

Não se trata de abordar a escola em si mesma, tampouco a experiência de escolarização dessas crianças, temas cuja complexidade demanda esforço analítico próprio.

Aqui, brevemente, é importante mencionar as referências à escola que despontaram nos cenários de espera analisados.

As particularidades dos corpos dessas crianças integram o esforço narrativo das mães que descrevem "a escola ideal" como instância que não se apresenta como antítese da casa, evitando rupturas, fortalecendo continuidades entendidas como "necessárias especialmente porque a mãe confia à escola uma criança muito frágil".

Essa projeção da escola ideal tem muito da projeção de um "domínio intermediário", tal como analisado anteriormente. Ou seja, a expectativa é que na escola, tanto quanto nos equipamentos públicos de saúde, os espaços sejam ocupados de modo a preservar os cuidados típicos da casa, ampliando assim o escopo da ação pedagógica.

Essa aspiração esbarra em primeiro lugar nas dificuldades que o cotidiano apresenta aos próprios professores, que têm na defesa do argumento de que escola e casa não se confundem uma estratégia para preservar minimamente a qualidade de seu trabalho, que sofre continuamente os efeitos perversos da sobrecarga e da precarização.

As falas da sala de espera indicam um ponto de intersecção entre as dificuldades das mães e dos professores. Há expectativa de ambas as partes de obter entendimento e solidariedade em relação às dificuldades estruturais que se apresentam cotidianamente.

Isso se mostra com mais clareza quando as mães se apropriam da perspectiva de quem ensina; e, enquanto aguardam no ambulatório, elas reapresentam o mesmo senso de limitação reclamado pelos professores em relação aos cuidados para com as crianças: "Como alguém que dá aula para tanta gente ao mesmo tempo pode cuidar de quem tem algum problema?".

Por outro lado, essa indagação que sugere uma convergência em relação às dificuldades que a criança cronicamente enferma pode encontrar numa sala de aula é acompanhada de desabafos que sinalizam a expectativa de obter da escola e de seus protagonistas sinalizações mais consistentes de solidariedade para com a situação das mães.

A reclamação mais constante diz respeito à chamada "necessidade de faltar":

— "Se a gente manda pra escola e acontece algum problema, perguntam 'por que mandou?'."

— "Se falta por causa da crise, avisam que vai ser difícil recuperar e que a escola não tem o que fazer."

Apesar das dificuldades que se acumulam em cotidianos tão entrecortados pela instabilidade do adoecimento crônico, não foi possível colher qualquer informação que confirmasse expressivo fracasso escolar.

Compartilham que seus filhos "driblam" as dificuldades e, em suas palavras, "mal ou bem, aprendem".

As queixas convergem em direção ao tema da desconsideração das dificuldades pessoais.

Uma das mães explica que seu menino tem dois apelidos na escola: "corticoide" e "bolinha de queijo" (alusão à textura da pele em superfície arredondada).

De fato, é fácil notar que as crianças vivem contínuos processos de inchaço e desinchaço e que essa situação ganha destaque em alguns momentos. Porém, mesmo quando a situação proporciona algum destaque (a ponto de gerar apelidos relacionados ao problema), é no âmbito da desconsideração que encontram exemplos para indicar que os professores "não participam do cuidado".

Entendem que na maior parte do tempo seus filhos "não são enxergados" e que "provocam irritação" com suas demandas (precisam sair mais vezes para ir ao banheiro, por exemplo).

Essas crianças têm episódios de "calorão" no transcorrer do dia, especialmente na escola. E se já se coçam com mais intensidade em decorrência das dermatites, nos momentos em que a sensação de calor se amplia, a coceira na cabeça é lembrada como "motivo de implicância" dos professores, que, segundo elas, têm medo de "que seja piolho".

Essas mães se ressentem nas vezes em que são chamadas a "reconhecer que a escola não é casa" e que, portanto, não se pode ter a expectativa de que o professor "faça o que os pais devem fazer".

A palavra "maioria" é usada contra essas mães. Ou seja, elas percebem que, muitas vezes, estão diante de um argumento intransponível, o de que o trabalho docente tem por foco a maioria e que "aquele que está na condição de minoria" deve entender que "o todo não pode parar por causa da parte".

Assim, vivem a seguinte contradição: buscam nos espaços institucionais um conteúdo político essencial para a condição de mulher que se vê atrelada às dificuldades inerentes à enfermidade crônica (que pode ser resumido na aspiração a participar da moldagem dos espaços para que não se antagonizem com os domínios privados de suas vidas). Na projeção desses domínios como intermediários é que esse conteúdo político se materializa.

Porém, contraditoriamente, nesses espaços as pessoas manejam palavras e gestos que fazem circular representações da eficiência tanto mais presentes quanto menos a instituição se parecer com a casa. Tudo parece comprovar que a presença da criança cronicamente enferma atrapalha.

Essa percepção se mostra de maneira singular quando o diálogo desvela opiniões especificamente voltadas ao trabalho dos professores de educação física que são considerados por elas como "despreparados para lidar com quem não consegue, com quem não pode fazer o mesmo esforço que os demais".

Não legitimam as estratégias usadas pela escola para manter diálogo a respeito de seus filhos. Em outras palavras, não reconhecem nas reuniões com pais uma instância de diálogo, entendendo que esses são momentos escolhidos para indicar "problemas" que os pais devem resolver para evitar as reprovações.

São unânimes em reconhecer que os objetos da escola fazem parte de uma materialidade desfavorável à permanência de seus filhos. Giz e pó são os itens citados constantemente como potenciais agentes de exacerbação de crises.

Relatam que há um "mundo secreto dos bilhetes", bilhetes estes que também se tornam "espaços" na acepção de Michel de Certeau e que são responsáveis pela circulação de advertências para que as mães se interem do descompasso de seus filhos em relação aos demais.

Goffman (2011, 2014) lembra que somos veículos de sinais, e o relacionamento das mães com os professores sugere uma expectativa comum de convencer o outro a estudar o idioma corporal da criança de modo a recolher sinais que solicitam intervenção adulta.

A circulação de bilhetes com mensagens relacionadas a questões tão delicadas indica alguma debilidade nas conexões entre casa e escola. Se essa dificuldade não é um problema passível de ser circunscrito somente às crianças cronicamente enfermas, é na especificidade dessas crianças que esse diálogo truncado se torna um problema de graves consequências.

Quando são colhidas falas de mães nas salas de espera, tem-se a impressão de que a expectativa de que escola, casa e equipamentos de saúde dialoguem torna-se risível, mostra-se aspiração ingênua de mulheres que se descrevem como "intérpretes de sinais", pois observam "os gatos", "os lábios", "o nariz", "a coceira do ouvido", "o ofegar", e vivem para evitar que o pior aconteça. Sugerem que estão "tratando do impossível".

Trata-se de um diálogo que, mais do que ser intensificado, na realidade, precisa ser estimulado, proposto.

Entre as mediações necessárias, desponta a importância de construir canais efetivos de aproximação para que a complexidade dessas situações não se restrinja à administração de sintomas.

Faz-se necessário trazer à luz a opinião de professores, aqui mencionada de forma parcial e enviesada. O mesmo vale para a opinião dos profissionais da saúde.

Porém, se o objetivo dessa pesquisa foi observar o convívio entre adultos e crianças em salas de espera, é possível reconhecer que em relação ao adoecimento crônico as mães que compuseram os cenários analisados têm algo a ensinar, e na aproximação que essa pesquisa proporcionou sempre pareceu ter densidade a queixa que compartilhavam entre si, relacionada ao "descrédito natural" que acompanha suas opiniões.

Quem tomará a iniciativa de estimular a aproximação cooperativa entre esses mundos (casa, ambulatórios e escolas) tão conectados e ao mesmo tempo nem sempre permeáveis às demandas recíprocas?

Há necessidade de um sujeito mediador nesse processo?

Quem faria essa mediação? Quem quer saber do dia a dia de crianças e mulheres que consomem horas e horas de suas vidas em salas de espera?

2
Crianças com deficiências na educação infantil:
o professor e as instabilidades da inclusão

O capítulo anterior não foi escrito com a intenção de abordar o tema das expectativas familiares sobre as atitudes dos professores em relação aos alunos cronicamente enfermos.

A questão despontou de forma fragmentária nos registros do caderno de campo e ganhou visibilidade à medida que não foi possível ignorar que as mães efetivamente trocaram experiências e opiniões a respeito das dificuldades escolares de seus filhos.

Como afirmamos no final do primeiro capítulo, é necessário fazer o caminho inverso e também colher a opinião dos sujeitos do trabalho escolar, especialmente dos professores, em relação à complexa presença da criança cronicamente enferma entre as demais que estão sob responsabilidade da escola.

Expectativas familiares em relação à escola e da escola em relação às famílias configuram conexões muitas vezes permeadas de tensões. Essas conexões, por si, tornam-se objeto singular suficiente para demandar contínuo e persistente esforço de investigação.

Exemplo disso pode ser encontrado na obra de Daniel Thin, que abordou as tensões entre escolas e famílias populares e encontrou seguidas vezes a presença de expectativas irrealizáveis de parte a parte como justificativa mais plausível para desentendimentos e frustrações produzidas no cotidiano (cf. Thin, 2006, 2010).

No momento em que este livro está sendo publicado, simultaneamente está em preparo um projeto que se voltará justamente ao tema da criança cronicamente enferma "dentro" da experiência docente, no universo da construção de saberes inclusivos com os quais gerações compartilham repertórios de experiências bem-sucedidas no lidar com dificuldades de crianças. A divulgação disso virá a seu tempo.

Por enquanto, em relação ao tema "expectativas", podemos analisar apenas as situações concretas nas quais informações puderam ser colhidas com dinâmicas de pesquisa organizadas para esse fim.

Um exemplo concreto disso pode ser aqui exposto tomando por base os apontamentos relacionados às expectativas de professoras que estavam recebendo em suas turmas crianças com deficiências. Essas professoras já sabiam que na sequência, no ano seguinte, cresceria expressivamente em números a presença dessas crianças em toda a rede pública de educação da cidade analisada.

Queremos discutir alguns aspectos dessa questão aqui, mas cuidando de preservar a intenção primeira, que motivou a publicação do livro, que é o tema das mediações.

A exposição e a partilha de expectativas docentes em relação à chegada e à presença de crianças, por assim dizer, um tanto mais desafiadoras têm sido observadas de perto por nós.

Em uma das situações mais favoráveis que um dos autores (M. C. F.) teve nos últimos anos para interagir com responsáveis pela educação de crianças de 0 a 5 anos de idade, foi possível perceber que estava diante da oportunidade de colher informações sobre o que professores consideravam necessário conhecer para que pudessem receber, no âmbito da educação infantil, crianças com deficiências, e ter, com elas e para elas, um bom desempenho profissional.

Este capítulo refere-se à presença crescente de crianças com deficiências físicas, sensoriais e intelectuais no âmbito da educação infantil. A percepção dessa presença, que ano a ano cresce em números, é analisada aqui com base na perspectiva que professores ofereceram sobre o tema.

No âmbito das conquistas políticas de grande relevo construídas nas últimas três décadas, sem dúvida, pode-se reconhecer a presença dos temas relacionados à educação infantil e à inclusão de pessoas com deficiências nos processos formais de escolarização. Mais adiante, trataremos disso com mais detalhes.

Crescentemente o registro da presença de crianças com deficiências em escolas regulares se faz em conexão política e simbólica com a apropriação da palavra "inclusão", usada muitas vezes com tal abrangência de significados que se torna possível hoje atualizar em sentido espelhado a opinião outrora emitida por José de Souza Martins a respeito do uso generalizado da palavra "exclusão" no final do século XX.

Naquele momento, o sociólogo advertia que se todos os problemas sociais podiam ser explicados lançando mão do conceito de exclusão, corria-se o risco de que, ao final, exclusão não explicasse coisa alguma (cf. Martins, 2003).

Inclusão é uma palavra-chave nos nossos dias. Retoma-se aqui o sentido dado por Raymond Williams, que considera ser possível identificar como algumas palavras mostram um tempo e, mais ainda, como mostram as pessoas que culturalmente estão amalgamadas com as imagens que parecem sintetizadas no sentido social que a palavra adquire (cf. Williams, 2000, 2002).

O que o uso crescente da palavra "inclusão" pode mostrar a respeito do relacionamento entre adultos e crianças com deficiências?

Identificar palavras-chave não é um procedimento que possa ser confundido com o manejo de uma fórmula. O sentido das palavras é instável, e essa instabilidade pode ser tomada como sinal de que olhamos para os quadros da experiência social, nos termos que Erving

Goffman atribui à expressão; e no âmbito das experiências sociais que as pessoas vivem, uma recriação constante se processa e quase tudo adquire um tom próprio, se visto de perto (cf. Goffman, 2012).

"Inclusão" é uma palavra que muitas vezes se recria no seu uso e que adquire conteúdo singular conforme a maneira como é apropriada. Portanto, é instável. Portanto, diz respeito a edificações e desmoronamentos, ou seja, é parte do mesmo processo por meio do qual não cessamos de nos refazer enquanto sociedade.

A alusão à instabilidade que permeia o uso da palavra "inclusão" tem, aqui na especificidade deste capítulo, uma razão de ser, relacionada ao tema das expectativas.

Esta análise dedica especial atenção ao uso e à reinvenção permanente nos modos de entremear o verbo incluir "às falas de si" dos professores.

Ou seja, diz respeito aos processos em que professores da educação infantil passam a expor a própria identidade professoral levando em consideração a presença de crianças percebidas e descritas em suas alteridades, os chamados "diferentes" entre aqueles considerados dentro do padrão esperado. Esse é o mote desse capítulo.

A educação infantil tem contornos singulares no que se refere aos processos de inclusão. Sua consolidação no âmbito da história da educação brasileira associa-se a significativas lutas sociais da mulher e diz respeito, também, a direitos da criança em si, porque criança (cf. Freitas e Biccas, 2009; Oliveira, 2008).

As políticas de inclusão também dizem respeito à educação infantil, seja porque esta tem marcos regulatórios para reivindicar-se sempre como parte de qualquer universo inclusivo educacional, especialmente porque se tornou primeira etapa da educação básica desde 1996, seja porque a chamada criança pequena é tão digna de direitos inclusivos quanto qualquer outra criança.

Temos regras e leis que, conforme o caso, induzem, garantem ou exigem o acesso da criança ou do adulto, a despeito de suas limitações.

Por isso, "inclusão" é uma palavra que foi se tornando menos aderente aos processos de universalização de vagas, por exemplo, em creches, escolas de educação básica, universidades, entre outras instituições, e tornou-se, a depender da situação, como se verá em seção posterior, uma chave para identificar a presença de determinadas pessoas em instituições e em processos laborais os mais variados. Inclusão já diz respeito a quem está e não somente a quem almeja fazer parte.

No Brasil, o verbo "incluir" e a apropriação ampla da palavra "inclusão" estão no cerne da mesma situação, que pode ser descrita como "novidade histórica" (Vovelle, 1986, 1988).

Novidade, conforme essa fortuna crítica da historiografia francesa, diz respeito à percepção ampla que se estabelece em certos contextos de que um direito demanda outro direito, que por sua vez demanda outro, e assim sucessivamente.

A educação de crianças com deficiências no Brasil é um processo que desde o século XIX padece os efeitos das inconsistências que afetaram a oferta de escolarização no seu todo. No entanto, por se tratar daquilo que em muitos momentos foi reduzido ao "atendimento de anormais", faz parte de uma história de ações fragmentadas, ora segregadoras, ora perfunctórias (cf. Jannuzzi, 2004).

O processo de institucionalização da chamada educação especial no Brasil remonta à década de 1970, mas foi na Constituição de 1988 que os alunos com deficiências tiveram o reconhecimento de que o direito subjetivo à educação de todos também lhes diz respeito.

Para usar a rica expressão de Octávio Paz (1996), estamos observando "signos em rotação". A deficiência é um fator que historicamente desencadeou mudanças nos repertórios de palavras considerados adequados para defender a presença ou a ausência de corpos e intelectos "imperfeitos" nos cenários escolares (cf. Freitas, 2013).

A chamada perspectiva inclusiva é de 1990 e se tornou expressão da assimilação de pressupostos da Conferência Mundial de Educação para Todos de 1990 e, na sequência, das adesões aos princípios da Declaração de Salamanca, de 1994, que impulsionou o uso da expressão "necessidades educacionais especiais" (cf. Meletti e Bueno, 2011). Ressalte-se, porém, que desde 1999 estudiosos do campo têm chamado atenção para as fragilidades da noção de "necessidades educacionais especiais" (cf. Bueno, 1999).

Em 2008, a educação especial foi apresentada como parte e não como adendo da proposta pedagógica da educação regular, e a Política Nacional de Educação Especial quer assim sinalizar que a perspectiva inclusiva deve deixar para trás ambiguidades historicamente acumuladas e suscitar a superação de um sistema que oscilou entre o atendimento segregado e o atendimento regular.

Entretanto Meletti e Bueno (2011) mostram que os números, vistos de perto, revelam situações que variam conforme a deficiência e que é preciso considerar que, mesmo em cenários de crescente matrícula em sistemas regulares de ensino, também foi significativa a presença de crianças em sistemas segregados de educação, principalmente aquelas relacionadas ao universo da deficiência mental.

No atual momento, já é possível perceber pesquisadores ensaiando uma história cujos registros consideram uma passagem da educação especial para a educação inclusiva.[1] Ou seja, é crescente a sinalização de que algo de novo está em curso e que a palavra inclusão é decisiva para entender o que "há de novo, no novo" (cf. Fabian, 2003).

Vovelle (1986) nos ensina a refletir sobre os momentos nos quais "houve ocasião" para que algo ou alguém não pudesse mais ser desconsiderado.

As palavras "inclusão" e "incluído" estão impregnadas das oscilações e estabilizações de sentido que acompanham a presença do aluno com deficiência, no Brasil, desde a década de 1980.

---

1. No atual contexto, lembremos, está previsto que o direito à educação será garantido na escola comum, com complemento em contraturno nas salas de Atendimento Educacional Especializado (AEE). O AEE complementa — mas não substitui — a escola comum.

Em termos históricos, algumas décadas podem ser insuficientes para que analistas consigam aquilatar a intensidade e o sentido de determinadas transformações no cotidiano, especialmente no cotidiano de instituições educacionais.

Em termos antropológicos, porém, não existe pequena unidade de tempo, porque o olhar antropológico procura o microscópio, em cujas lâminas tempo e movimento interacional têm métricas próprias, em escala reduzida.

Assim, é por dentro de microrrelações entretecidas em microterritórios, como pequenos grupos em escolas de educação infantil, que se tornou possível constatar que, em certos cenários institucionais, a evocação da palavra "inclusão" para descrever o convívio de professores com deficiências e deficientes tem sido recorrente, "usual", nos termos que Bernstein daria à presença mais visível de uma palavra em dada situação (cf. Bernstein, 2000).

Essa recorrência, contudo, ao mesmo tempo que faz do verbo incluir uma palavra-chave do repertório que entremeia cultural e politicamente os atores dessa trama, faz também com que os sentidos de inclusão se mostrem ainda bastante abertos à oscilação de conteúdo.

Oscilação de conteúdo diz respeito àquilo que Clifford Geertz chamaria de significação e que no uso das palavras refere-se à reconstrução permanente de significados que só se tornam apreensíveis quando flagrados na própria situação em que são produzidos, de perto, muito perto (cf. Geertz, 2000).

O ponto de partida, então, da análise que este segundo capítulo quer compartilhar com o leitor foi estabelecido numa necessária recusa a adentrar o campo de pesquisa eleito, tendo, de antemão, a posse de um conceito fechado e prévio de inclusão, como se o autor pudesse verificar o "quanto disso" estaria presente no cotidiano analisado.

Ao contrário, lembrando as lições deixadas por experiências etnográficas de grande densidade, a pesquisa que fundamentou esse trabalho zelou por colher, recolher, escutar, auscultar o sentido de inclusão construído por professoras[2] que desde 2012 têm em seus espaços e territórios profissionais a presença de crianças que têm sido atendidas com múltiplos sentidos da palavra "inclusão" e, assim sendo, têm experimentado situações que intensificam suas vulnerabilidades, sendo que, como se verá, muitas vezes, a alusão à inclusão não somente diz respeito ao registro da presença, mas também à construção da alteridade que não convém, ou seja, diz respeito à produção das formas sociais do "inconveniente".

Entre tantas possibilidades, após meses de convívio na realidade pesquisada, consolidou-se como primeiro objetivo contextualizar a presença de crianças com deficiência num "lugar metafórico". Esse "lugar" é o universo da percepção de alteridade das professoras, "dentro" do qual foi possível perceber os registros de identidade professoral que levam em consideração a presença desafiadora dessas crianças. As expectativas foram analisadas "por dentro" dos limites desse "território" de sentidos traçado.

Alteridade, mais do que um tema, é a questão básica que dá sentido a investigar o relacionamento entre professores e crianças marcadas como "diferentes". Nas palavras do já citado Augé, o esforço consiste em interpretar a interpretação que outros fazem da categoria "outro" (cf. Augé, 2010, p. 27).

Neste escrito, inclusão, incluir e incluído foram registrados como "categorias nativas", colhidas no processo sugerido por Robert Murphy como de instalação de si na perspectiva do analisado (cf. Murphy, 1990).

Em termos antropológicos, o que se propõe diz respeito a compreender quem é "esse outro" deficiente quando esse outro desponta numa situação específica, ou seja, quando a professora "fala de si", quando é criado dentro da narrativa.

---

2. A partir daqui faremos referência exclusivamente às professoras, uma vez que, coincidentemente, todas as colaboradoras da pesquisa são mulheres.

Há um número significativo de estudos sobre a expectativa de professores em relação a seus alunos, tanto no Brasil (cf. Marin, 2006) quanto no exterior (cf. Bourdieu, 2004).

O que se pretende aqui tem algo de específico, e essa especificidade está relacionada à construção da identidade desses professores responsáveis por crianças tão pequenas, mas cuja complexidade do trabalho está menos relacionada ao porte do corpo dessas crianças (as bem pequenas), mas sim à percepção das "insuficiências" desse corpo (cf. Freitas, 2013).

Por isso, a análise aqui realizada diz respeito a um traço singular dessa identidade professoral e de suas expectativas. Na opinião das próprias professoras que participaram da pesquisa, crianças com deficiências acrescentam (ou subtraem) algo singular à identidade profissional que têm e às expectativas familiares que se configuram ao redor de suas práticas laborais. Vale lembrar que identidade é sempre um tema que se apreende em perspectiva relacional (cf. Elias, 2005; Goffman, 2000; Hall, 1990; Velho, 2005).

Desde o início da interação feita com as que foram selecionadas como informantes principais, foi possível recolher frases e opiniões que expressavam uma compreensão quase unânime de que "competências inclusivas" são construídas menos em relação às crianças em si, mas muito mais em relação às cobranças de familiares em primeiro plano e à dos gestores da escola em segundo plano.

A proposta foi inventariar quais saberes essas professoras reivindicam como necessários e auxiliares para que possam atender às expectativas que esses familiares têm sobre o desempenho professoral nos processos de inclusão. Lembrando um pouco os ensinamentos de Gregory Bateson (cf. Lipset, 1991), buscou-se entender a expectativa dessas professoras em relação às expectativas que julgavam ser aquelas que as famílias têm a seu respeito.

A escolha desse universo, a educação infantil — ou seja, o microcosmos das crianças bem pequenas —, foi proposital e estratégica para evitar os momentos típicos da educação fundamental nos quais a cobrança pela competência de ensinar se acentua e se mistura aos debates decorrentes da avaliação de desempenho que é sempre impactada pelas formatações seriadas ou de ciclos estruturadas pela educação em forma escolar.[3]

Porque a abordagem diz respeito às identidades, o tema central da análise aqui levada a efeito tornou-se também o da construção das alteridades. Ou seja, abordando um cenário específico, de um ponto de vista interno (cf. Woods, 2005), o que se quis aqui foi discutir as situações nas quais professoras elaboraram sua identidade levando em consideração a presença dessa criança marcada pela vulnerabilidade de seu corpo e de seu intelecto (cf. Turner, 2014).

A ideia foi escutar alguém "dizer de si, quando e por que diz do outro" (Silva, 2013) e, no caso específico deste escrito, tratou-se de escutar o professor quando este delineava o outro nas formas de explicitar o "eu sou" que aparecia contido em suas rotinas.

As deficiências aqui mencionadas se desdobram em especificidades que demandam detalhamentos precisos. Mas é importante assinalar que o esforço de análise aqui apresentado não diz respeito às deficiências em si, ou às suas possibilidades e impossibilidades, mas diz respeito, sim, às palavras-chave por meio das quais professoras demarcam a alteridade, indicando o que sabem e o que gostariam de saber sobre a diferença desse outro. "Esse outro" é aquele que foi reconhecido pelas professoras quando se referiram ao tema "inclusão" para expressar os motes de sua identidade profissional.

Talvez o leitor tenha a expectativa de que o propósito desse escrito se espelhou nos escritos de Bourdieu e Saint-Martin (1998) e Bourdieu (2004), que empreenderam eficientíssima estratégia para analisar modos de classificação de alunos. Mas não se quis

---

3. Usamos aqui o conceito de forma escolar a partir da leitura que feita em Freitas (2011) do conceito originalmente formulado por Vincent, Lahire e Thin (1994). Trata-se de lembrar que a educação na forma escolar é, antes de tudo, uma extraordinária engrenagem de trabalhos simultâneos que se intensificam nos processos de seriação e até nas estruturas de ciclos que, muitas vezes, são configuradas como se fossem "séries alongadas".

deslindar como as professoras aqui selecionadas classificam. O que esteve sempre em questão foi a percepção do específico dessa alteridade que se projetava nas diferentes apropriações cotidianas da palavra deficiência quando a professora afirmava "o sentido de", "o específico de" e o "necessário para".

Cada uma dessas professoras estava lidando com um jogo de palavras com o qual se aproximavam ou se distanciavam das representações de eficiência que circundavam seus fazeres no cenário escolar.

Como se verá a seguir, em muitos momentos, discutindo o tema inclusão, algumas professoras expressaram o desejo de que suas identidades não fossem marcadas pelo insucesso diante das demandas da criança com deficiência.

Foi possível registrar a seguinte opinião:

— "[...] não queria ser marcada pelo que não consigo [...]".

Assim se manifestou a professora desconcertada com manifestações familiares que cobravam "profissionalismo" de sua parte em relação ao específico da criança cuja própria identidade despontava no bojo de um bordão: "aluno da inclusão".

Que profissionalismo é este que estaria implícito na ação professoral, mas, ao mesmo tempo, excederia sua forma para tornar-se "competência inclusiva" a ser desenvolvida?

Do processo de obtenção de informações

Este segundo capítulo baseou-se em pesquisa que foi realizada em cidade do interior do Estado de São Paulo, com porte de aproximadamente 400 mil habitantes.

Realizou-se no âmbito de sua rede pública de ensino, esta, bastante bem estruturada e em processo de expansão da oferta de vagas na própria rede pública em detrimento da oferta em rede conveniada.

O universo de atendimento educacional da cidade é de quase 41 mil alunos, dispostos em 110 unidades escolares organizadas como 80 escolas (algumas em tempo integral) e 30 creches. Um pouco mais de 30 mil alunos estão matriculados na educação infantil e no ensino fundamental.

O tempo de realização da pesquisa foi de sete meses, com três trabalhos conjuntos por mês, de oito horas cada um.

A iniciativa de contatar um dos autores (M. C. F.) foi tomada pelos gestores educacionais que decidiram oferecer aos profissionais diretamente ligados à educação com crianças de 0 a 5 anos de idade a oportunidade de desenvolver estudos voltados às interações em âmbito escolar.

Buscavam acesso a uma reflexão de fundo antropológico, pois vislumbravam a oportunidade de adensar os projetos pedagógicos em andamento com a inserção dos temas "inclusão" e "diversidade" no cotidiano da educação infantil local.

Cremos que não cabe aqui avançar no detalhamento da formação continuada que possibilitou a coleta de informações, porque o que está em questão neste capítulo, como já afirmamos antes, é a presença da criança com deficiência na delicadeza da trama em que o professor fala de si, constrói sua própria imagem levando em consideração a expectativa de outrem.

Cabe rapidamente mencionar que no processo que possibilitou a interação com essa rede pública foi pactuado o consentimento para que nessa oportunidade de convivência dados fossem colhidos para que a pesquisa pudesse ser realizada.

Em sete meses de convívio com todos os profissionais que atendem crianças de 0 a 4 anos de idade, incluindo gestores, foi possível interagir com 705 professoras e, dentre essas, selecionar voluntárias para discutir temas específicos.

Os critérios usados para selecionar voluntárias foram os seguintes:

1) ter disponibilidade e interesse em expor por escrito e verbalmente suas opiniões;
2) poder testemunhar experiência em andamento com crianças com deficiências.

Apresentados esses critérios, foi possível contar com a colaboração de 88 professoras. Estas se referiam a si mesmas como profissionais que têm responsabilidades educacionais com crianças "de inclusão".

As 88 participantes se dispuseram a escrever suas opiniões sobre as seguintes questões:

a) O que significa inclusão educacional?
b) A educação infantil tem problemas específicos para receber crianças com deficiências?
c) Qual formação você gostaria de receber para trabalhar com crianças com deficiências?

Elaboradas as respostas, elas foram analisadas conjuntamente com as participantes que voltaram seguidas vezes ao tema considerando sempre o conteúdo do que expunham à luz das informações que recebiam no bojo da partilha de experiências que se dava.

A coleta de opiniões mostrava a presença consolidada de algumas palavras e impressões. O caderno de campo que esse processo gerou foi fundamental para recolher da situação os sentidos atribuídos à inclusão e também para coletar registros próprios da observação direta.

As respostas consolidadas adquiriram corpo redacional no qual foi possível, individual e coletivamente, identificar algumas palavras-chave caracterizadoras da percepção que as professoras têm da presença de crianças com deficiências em suas turmas de trabalho.

Deve-se destacar a importância do registro das opiniões que foram construídas e reconstruídas por aqueles que se tornaram os sujeitos dessa análise. Na forma como James Clifford sugere, o significado que determinada palavra adquire muitas vezes "se deixa completar" nas formas por meio das quais o sujeito opera seu "uso". O uso da palavra e as contraposições que esse manejo oferece revelam aspectos singulares dos atores quando são observados nas teias de suas próprias tramas (cf. Clifford, 2008).

Lembramos rapidamente a observação que o autor fez sobre o trabalho descritivo de Evans-Pritchard com os Nuers.[4]

Pouco se sabia dos Nuers, porém, a narrativa de Evans-Pritchard ofereceu a Clifford a oportunidade de chegar à seguinte conclusão: os que aparecem nas páginas da monografia como analisados (os Nuers) nos ensinaram mais sobre o analista do que o analista nos ensinou sobre eles (cf. Clifford, 2008; Pritchard, 1940).

A menção a esse clássico da etnografia, aqui, tem o sentido de reconhecer que os que falam de crianças com deficiências, muitas vezes, mostram mais de si do que delas quando se expressam. Por isso, sempre restará a seguinte dúvida: se, ao termo, a criança com deficiência abordada é, de fato, ela mesma ou a personagem que despontou na trama recolhida.

Neste capítulo, todas as referências colhidas nos Textos Produzidos são microexcertos de respostas e serão acompanhadas da indicação TP entre parênteses. Apresentarão opiniões emitidas pelas professoras e serão inseridas propositalmente em meio ao corpo do texto para preservar identidades pessoais e hierárquicas.

Quando o registro for proveniente do Caderno de Campo, será acompanhado da indicação CC, também entre parênteses.

Assim, o leitor encontrará a seguir conclusões tiradas relendo o Caderno de Campo; analisando o farto material escrito que foi

---

4. População da região centro-meridional do Sudão.

produzido e rememorando depoimentos apresentados nas dinâmicas de trabalho coletivo nas quais, em momentos determinados, abria-se espaço para uso livre da palavra.

O significado de

O significado atribuído à inclusão, no âmbito da educação infantil, considerando evidentemente a realidade que foi pesquisada, muitas vezes, pareceu realimentar a já antiga dicotomia entre natureza e cultura que no transcorrer do século XX ofereceu ensejo para renovar decisivamente a antropologia e diferenciá-la em relação àquilo que se praticava no século XIX como ciência que associava o comportamento às métricas do corpo.

Com isso queremos destacar que de forma preponderante as referências às deficiências das crianças mencionadas foram relembradas pelas professoras como se fossem predominantemente dados da natureza, ou seja, expressão de particularidades orgânicas diante das quais o mundo da cultura pouco teria a fazer.

Um dos sentidos mais fortemente atribuídos à inclusão diz respeito a reconhecer o direito de aprender (TP), ainda que esse direito fosse descrito como abertura compreensiva a quem nunca ultrapassará certos limites (TP). Seguidas vezes, o direito de aprender foi acompanhado da referência ao direito de participar (TP).

As professoras ressentiam-se de respaldo diante da seguinte percepção: a sociedade deveria lembrar que a escola está sendo chamada a realizar o que ela mesma (a sociedade) afirma ser irrealizável (TP). Talvez isso explique o fato de que quase todas as participantes tenham escrito em tom de advertência que inclusão não significa apenas inserir na escola (TP) ou dar uma sala de aula para quem não tem (TP).

Isso não soou nunca como declaração de resistência ou de aversão à inclusão. Ao contrário disso, a evocação dos limites "naturais" e "intransponíveis" trazidos por essas crianças ao cotidiano escolar mostrou-se estratégica para pontuar uma questão por assim dizer política. Em primeiro lugar, as professoras entendem que os limites estão na criança, não no profissional que as recebe. Esse é um consenso que se estabeleceu (CC).

A incidência dessa estratégia de responder atualiza a importância de uma advertência feita há algum tempo por Silva (2013, p. 78): "[...] a diferença e a identidade não estão aí como dados da natureza. São cultural e socialmente produzidas e como tal devem ser mais do que celebradas, [mas] questionadas e problematizadas."

Uma palavra-chave se estabilizou, ou seja, foi utilizada em quase todas as manifestações escritas e orais.

Trata-se da palavra "limite", que serviu inúmeras vezes como eixo organizador da forma de comparar dificuldades, especialmente em relação às dificuldades de quem chega em contraste com as de quem recebe.

Explicamos:

O limite para aprender seria diretamente proporcional ao limite de ensinar. O limite para aprender, na opinião predominante entre as participantes, poderia ser atenuado com esforços concatenados entre escola e família. Já os limites para ensinar foram associados à precariedade do trabalho docente na atual conjuntura, e esse argumento foi, reiteradas vezes, utilizado para indicar a presença de um consenso relacionado à inclusão. Esta dependeria (TP) da valorização da carreira e da oferta de condições adequadas de trabalho para consolidar-se.

As crianças em questão foram fortemente identificadas com algo que a natureza fez imperfeitamente (TP). Ainda que as falas colhidas tivessem sugerido que essas "imperfeições" fossem evidentes em si mesmas, falassem por si (CC), não ocorreu uma única descrição da "imperfeição" (CC) que não recorresse ao corpo de outra criança (não deficiente) como parâmetro para comprovar os limites de quem estava sendo descrito.

Aquilo que Kathryn Woodward indicou ser necessário para compreender uma pessoa em relação à outra, ou seja, que "identidade é sempre relacional e a diferença é estabelecida por marcação simbólica em relação a outras identidades", mostrou-se em plenitude, quer dizer, nenhuma deficiência foi descrita sem a "eficiência" de um outro (cf. Woodward, 2000, p. 13).

Considerada a percepção da diferença peculiar à criança deficiente (TP), muitas manifestações acentuaram a oportunidade que essa presença trazia à escola no sentido de favorecer adaptações planejadas para aceitar, respeitar, integrar e valorizar a diversidade (TP).

As professoras que participaram descreveram inclusão como processo de reeducação da instituição (TP), reeducação porque a escola se vê obrigada a aprender a trabalhar com a diversidade e, em algum momento, se vê obrigada a reconhecer que não se trata de somente agregar deficientes a uma sala (TP).

As dificuldades que a educação escolar enfrenta para viabilizar processos inclusivos foram associadas também ao fato de que o processo pedagógico é centrado no professor (TP).

A crítica a essa "centralização" foi o que proporcionou espaço para a menção a outros profissionais. Proclamou-se que inclusão sem médicos (muito citados), fonoaudiólogos (muito citados), terapeutas (muito citados) e psicólogos (citados em menor escala) simplesmente não apresentaria resultados significativos.

A apropriação da palavra inclusão no universo pesquisado mostrou-se também bastante impregnada da intenção de vincular a fragilidade da criança à fragilidade da professora.

De certa forma, o trabalho com essas professoras trouxe à memória as pesquisas relacionadas às etnoteorias da parentalidade que proliferaram na Holanda, principalmente, e que revelaram a construção cultural dos atributos da criança, do cuidar delas e de sua educação (cf. Harkness, 2010).

Em tais pesquisas foi possível verificar que os sentidos atribuídos às características naturais da criança variam consideravelmente conforme o grupo focado, e, sendo assim, aquilo que se compreende por "domínio da natureza", muitas vezes, nada mais é do que o resultado da forma como certos grupos dão contornos particulares a determinadas palavras, especialmente aquelas que associam competências adultas à natureza do recém-nascido.

Em relação a isso, para utilizar aqui um exemplo comparável, é interessante destacar que no âmbito dessas pesquisas sobre etnoteorias da parentalidade o significado de cuidar de crianças tem palavras-chave diferentes, conforme a circunstância. Em alguns locais, predomina a indicação de que uma "mãe competente" consegue garantir à criança "descanso, regularidade e limpeza". Porém, conforme o "nicho de desenvolvimento", a palavra regularidade cede espaço às palavras relacionadas a estímulo (cf. Harkness, 2010, p. 52).

Na pesquisa que subsidiou este capítulo, especificamente no grupo aqui delineado, verificou-se um reiterado uso das palavras *proteger, mostrar e repetir* como indicadores dos atributos básicos do professor atento à presença do diferente entre os demais (CC).

Os textos indicaram que incluir significa proteger, mostrar como se faz (quantas vezes for necessário) e suprir com paciência a necessidade de repetir procedimentos (TP).

Nesse particular, despontou uma questão bastante importante para compreender o lugar do diferente (CC) "dentro" desse "falar de si" das professoras.

É possível perceber o predomínio da opinião de que a situação atual, no processo de inclusão em curso, tem imposto uma espécie de barganha de limites. Proteger, mostrar e repetir tem exigido, na percepção que elas têm, confiar as demais crianças (que não são "de inclusão") ao próprio ritmo (TP) e às próprias capacidades (TP). Foi unânime a indicação de que certo grau de descuido com o todo se tornou inevitável, pois segundo elas nossa sociedade optou por fazer com que o professor (sozinho) tivesse que cuidar mais especificamente de uns do que de outros (TP).

O específico de

A indicação de que iriam receber uma ou mais crianças com deficiência mobilizou expectativas as mais diversas junto às professoras. Rememoramos essas situações.

Muitas dessas expectativas colaboraram para que a criança recebida fosse acompanhada com base naquilo que dela se esperava ou naquilo que dela não se esperava.

Essa foi uma conclusão tirada pelas próprias professoras participantes da pesquisa, uma vez que, recuperando o que pensaram e o que sentiram quando foram informadas que receberiam crianças com deficiências, *a posteriori*, reconheceram que as opiniões que circulavam foram associadas a uma imagem geral da deficiência (TP), independentemente de quem fosse a criança que estava para chegar.

Elias (2005) indicou que as opiniões têm um lugar de destaque no processo que demarca a diferença de quem chega. Nesse sentido, vale lembrar mais uma vez com Woodward que são elas, as expectativas, que, muitas vezes, delineiam o que chega como estranho, desviante ou incapacitado (cf. Woodward, 2000, p. 33).

No que tange às professoras que se dispuseram a ser interlocutoras dessa pesquisa, houve o reconhecimento de que as expectativas sobre a chegada de uma criança descrita como deficiente trazia ao micromundo dos diálogos entre pares o prenúncio de sobrecarga (TP) e de potenciais atritos com familiares.

Nesse sentido, foi possível registrar uma contradição peculiar: a pesquisa revelou de forma inequívoca que as profissionais em questão aguardam formação e esclarecimento (TP) sobre o corpo e o intelecto da criança (TP) para que um bom trabalho possa ser feito (TP).

Quem se aventurar a ler o caderno de campo constatará que da deficiência ao mesmo tempo se sabe tudo e nada. Sintetizando, pode-se deduzir dos depoimentos que das crianças com deficiências se sabe que "são o que são" porque têm o que têm (TP). Ao mesmo tempo, as falas indicam que "só se saberá o que são se conteúdos específicos forem oferecidos aos professores".

O repertório de expectativas sobre a diferença atribuída à "criança da inclusão" mostrou-se bastante permeável à naturalização dos argumentos médicos, ou seja, permeável à cristalização de opiniões que tomam por ponto de partida o reconhecimento de que os diagnósticos clínicos que definem a deficiência são os únicos com potencial para esclarecer (TP) o que há de peculiar naquele que chega à escola no bojo e no espectro das políticas inclusivas.

Se os descritores clínicos foram usados ou esperados como saberes que podem exaurir dúvidas sobre a "matéria descrita", de certa forma, se realizou em cada escola aquilo que é possível depreender da análise de Christoph Wulf (2013). Ou seja, primeiro, se aguardou a chegada de um ente genericamente definido pelos conteúdos simbólicos da deficiência. Mas era ela, a deficiência *em si*, que se aproximava, que chegava.

Então, a expectativa de decifrar o ser que chegava (TP) foi reduzida a uma espécie de diferenciação interna entre as próprias deficiências. Sabendo-se que chegava a surdez, a cegueira etc., aquele que concretamente chegou, ao mostrar-se, revelou a presença de um "autêntico" surdo, "autêntico" cego etc., trazendo consigo a "já sabida" limitação inerente a cada perfil corporal (cf. Wulf, 2013).

Cada um "comprovou" (CC) aquilo que já se esperava da presença da deficiência no cotidiano escolar.

A maior parte das respostas não demarcou nenhuma especificidade para a educação infantil no que diz respeito a incluir crianças com deficiências; ao contrário, muitas manifestações insistiram nesse não específico (TP) e indicaram que a inclusão é um problema para a educação como um todo (TP).

Porém cerca de 30% das respostas indicaram receio de que no universo da educação infantil se concentrassem dois fatores considerados impeditivos para que um trabalho consistente pudesse ser feito nesse sentido. Esses dois fatores são o despreparo profissional e a falta de infraestrutura (TP).

Aqui nos deparamos com uma questão inquietante, pois a referência ao despreparo tem, nessas falas, um conteúdo especial.

Na especificidade dessa forma de entender o despreparo, pode-se reconhecer aquilo que essas professoras consideraram problema específico para incluir crianças com deficiências, ainda que não reivindicassem uma especificidade para a educação infantil.

Referimo-nos à percepção, expressa unanimemente, de que os problemas se intensificam à medida que a educação, no âmbito da escola fundamental, adquire perfil curricular centrado em saberes específicos, como aqueles relacionados à alfabetização e aos conteúdos matemáticos, por exemplo. Aludiam, portanto, à "profecia" de que os grandes problemas ainda estavam por chegar, e chegariam no rastro dos problemas de aprendizagem na educação fundamental.

Na educação infantil haveria uma questão estrutural por assim dizer própria, que seria a abertura demasiada à opinião familiar (CC).

Consideraram que na educação fundamental se intensifica no uso de disciplinas e de saberes curricularizados, saberes estes que assumem um lugar estratégico na identificação dos limites da criança em relação ao ritmo de progressão esperado.

Os chamados limites foram confrontados com representações da complexidade que os saberes têm quando impregnados da forma escolar. Faziam uma projeção que supunha ser "mais fácil" para a família compreender que determinada deficiência dificulta a aprendizagem de operações matemáticas, por exemplo.

No entender das professoras, o trabalho específico da educação infantil expõe o profissional sem a mediação dos contextos que têm tarefas "feitas e não feitas". O bem-estar, o bem-ficar e os bem-fazeres na educação infantil estariam diretamente confrontados com a qualidade do atendimento pessoal do professor (TP).

Por isso, quando foram indagadas se a educação infantil tem problemas específicos para incluir crianças com deficiências, ao mesmo tempo em que essa especificidade não foi reclamada, certa particularidade foi descrita e, ao mesmo tempo, deslocada para o âmbito do relacionamento entre famílias e escolas.

Pela maneira como narraram, percebeu-se que, de forma velada ou explícita, conforme a situação, ficaram expostas às cobranças das mães que as interpelaram "também como mães" (ainda que nem todas as professoras fossem), e essa conexão "de mulher para mulher" que a criança proporciona seria, para elas, uma marca da educação infantil nem sempre benéfica para que os processos de inclusão pudessem ocorrer com mais profissionalismo (TP).

A formação para

Com a intensificação dos diálogos e da produção de textos, tornou-se concreta a possibilidade de obter dessas professoras informações relacionadas às expectativas que têm quanto à formação específica, considerada necessária para que o trabalho que fazem pudesse ser reconhecido, em primeiro lugar, por elas mesmas e também pelos familiares. Reconhecido, em suas palavras, significava adequado e competente (CC).

As respostas colhidas e os registros que a experiência possibilitou corroboram a percepção de que uma imagem própria, uma acepção nativa de inclusão, se mostrava consolidada nas palavras com as quais as professoras se referiam à presença de crianças com deficiências em seus domínios profissionais.

Foi possível coletar um sentido próprio, na forma como Geertz (2000) compreende o que seja ressignificação dos gestos e das palavras. Ou seja, se nos dirigíssemos àquelas pessoas com o repertório de palavras que legalmente tem caracterizado a inclusão como direito, na maioria das vezes, associado ao direito ao acesso, possivelmente seria obscurecida a reordenação de sentido que o contexto proporcionou à palavra.

A referência às crianças como "de inclusão" tornou-se um rótulo que se naturalizou cada vez que alguém no âmbito da escola afirmou que não há forma mais clara para se referir àquelas crianças que têm deficiências (TP) e, para além disso, pareceu-lhes uma expressão que facilmente os pais entenderiam (TP).

Inclusão tornou-se uma palavra-chave na identificação de crianças que, sob a guarda da advertência "é um aluno de inclusão", diz respeito à denominação geral daqueles que têm salvo-conduto para não conseguir (CC).

Os episódios com desconexões entre pares ou entre as crianças e as professoras foram associados à palavra "inclusão" de modo a atenuar dificuldades docentes, pois na deficiência do deficiente podiam ser encontradas as causas do não conseguir fazer (TP).

Inclusão tornou-se um dado diferenciador impregnado de estigmas, no sentido que Erving Goffman (2000) confere à palavra. A estigmatização é facilmente verificável quando a professora afirma, sem hesitações:

"Respondo por dezesseis. Quatorze crianças, mais duas de inclusão."

A referência à inclusão nessas situações está longe de ser uma alusão às plataformas jurídicas que construímos como sociedade civil desde o final do século XX.

"Inclusão" tem sido a palavra com a qual as particularidades do corpo e do intelecto são associadas às dificuldades operacionais do trabalho docente. Tornou-se, em muitos casos, aquilo que atrapalha (CC).

Consideraram então que a professora que tem "alunos de inclusão" está numa situação singular. No âmbito dessa singularidade, uma contradição se mostrou de forma bastante especial. A discussão relacionada à formação, ou seja, relacionada àquilo que consideraram fundamental conhecer para trabalhar consistentemente a inclusão de crianças com deficiências, trouxe à baila uma cisão expressiva, cujos detalhes merecem atenção.

Quando foram indagadas sobre a formação que lhes faltava, sobre conteúdos que gostariam de receber, predominantemente as respostas indicaram a expectativa de obter soluções práticas (TP) e obter conhecimento para identificar o que é específico a cada deficiência (TP).

Despontou grande interesse pela Língua Brasileira de Sinais, a LIBRAS, e pelo uso do Braille. Porém o que foi expresso como solução prática e como formação necessária extrapolou a hipótese de obter proficiência em ambos.

As soluções práticas foram acompanhadas de exemplos relacionados a situações cotidianas nas quais a professora se viu paralisada diante do que a criança fazia ou diante do que ela não fazia (TP).

A aspiração a compreender a especificidade de cada deficiência revelou a força crescente da argumentação médica no cotidiano escolar, uma vez que muitas evocaram a importância dos diagnósticos clínicos, assim como algumas manifestaram desconforto com a atitude de pais que falam de deficiência e exigem coisas sem sequer apresentar um diagnóstico (TP).

Com tom enfático, se revelou a percepção de que os problemas trazidos pela inclusão deveriam ser localizados em primeiro lugar nas insuficiências do corpo (TP). Consequentemente foi partilhada a convicção de que os efeitos dessas insuficiências sobre as dinâmicas de trabalho nunca foram atenuados porque há total desconhecimento da instituição a respeito do que fazer para evitar que a criança ficasse à mercê de si mesma (TP).

Quando foram mencionados saberes específicos necessários para enfrentar os desafios de cada situação, a referência mais constante foi destacar a importância de oferecer ao docente formação em neurologia, terapia ocupacional, fonoaudiologia e psicologia com variações na ordem de preferência (TP).

A referência a esses territórios de conhecimento foi associada ao repertório imaginário de ações que despontava nos depoimentos e que se sustentava na hipótese de que numa situação ideal o professor poderia mobilizar conhecimentos diferentes conforme a deficiência.

Porém, ainda que a formação docente oferecesse tais conhecimentos para todo docente, as respostas dadas indicaram que o lugar de destaque atribuído ao médico permanecia inalterado (TP).

Foi possível verificar isso nos argumentos que defenderam a importância de obter formação adicional para que se pudesse agir em relação à deficiência, de fato, com conhecimento de causa (TP). A força dos diagnósticos médicos pôde ser percebida quando afirmaram que "o que é deficiência não está em questão, porque a medicina já explica, sendo assim desnecessário reinventar a roda" (TP).

No conjunto, as opiniões convergiram para o reconhecimento da importância de aprender tratar, de conseguir lidar com aquilo que está pronto, feito pela natureza (TP), mas cujos efeitos sobre o dia a dia da escola foram descritos como imprevisíveis.

Quando tudo parecia indicar que as professoras participantes simplesmente estavam à espera de um suplemento pedagógico produzido na omnisciência do conhecimento médico, uma perspectiva diferente se mostrou e acrescentou ainda mais complexidade ao cenário.

Algumas manifestações docentes recolhidas no cotidiano escolar pesquisado parecem ter sido retiradas dos escritos de Gregory Bateson, tal como registrado por Baptista (2010); uma vez motivadas pela intenção de assegurar solidariedade às "crianças da inclusão", revelavam em suas falas o grande desejo de compreender como essas crianças têm acesso ao mundo (CC).[5]

---

5. Bateson foi um dos mais importantes biólogos norte-americanos do século XX e tornou-se notável também como antropólogo. O trecho citado é: "[...] toda vida mental tem relação com o corpo físico, assim como a diferença ou o contraste tem relação com o estático e uniforme. [...] Ver o mundo atentando para as coisas é uma deformação sustentada pela linguagem e que a visão correta do mundo é aquela que confere destaque às relações dinâmicas que regem o crescimento" (apud Baptista, 2010, p. 73).

Num tom que poderia até sugerir a presença ao fundo de Merleau-Ponty, muitas também expuseram suas perplexidades no interesse em compreender como a criança *com* o corpo que tem experimenta o mundo (TP).[6]

No particular dessa interrogação, algo substantivamente novo se apresentou e é digno de registro.

Ao mesmo tempo que se reivindicava formação própria para o trabalho em questão, obtida na contribuição dos saberes clínicos ou protoclínicos para a pedagogia, as professoras chamaram atenção para o microcosmo em que estão inseridas.

Generalizou-se a queixa de que conheciam uma realidade que só se apreende de perto e que, por isso mesmo, almejavam uma situação em que outros estudiosos pudessem aprender com elas aquilo que somente sabe quem passa pela situação (TP).

Tais análises sugeriam uma inversão de sentido, o que significa pensar que, ao menos como exercício retórico que não hesitaram em fazer, despontou a hipótese de que professoras têm algo a ensinar aos pesquisadores das causas e dos efeitos das deficiências.

Nós pessoalmente concordamos muito com isso. E reconhecemos plena legitimidade no depoimento a seguir:

"Ninguém percebe o que percebemos, por exemplo, quando a criança com deficiência demonstra que se esforça para fazer o que outra faz, mas faz isso não porque a professora ensinou, mas sim porque aprendeu observar o que acontece ao seu redor" (TP).

O depoimento parece evocar uma ordem empírica própria. Na dinâmica analítica deste livro, essa evocação está longe de ser apenas a verbalização do senso comum. Trata-se de uma inquietação bastante saturada de pertinência sociológica, se tomarmos por pertinência sociológica o que Goffman considera ser o grande desafio analítico das interações face a face, que é compreender

---

6. Referência ao conceito de "corporeidade" desenvolvido por Merleau-Ponty (2010), especialmente no seu livro *Fenomenologia da Percepção*.

como cada pessoa lida com si mesma (cf. Goffman, 2011, p. 18; 2012, p. 51).

A copresença é um fator inescapável na análise das situações, e o conhecimento do "cenário" pareceu ser, ainda que contraditoriamente, a grande reivindicação das professoras que, por um lado, expressaram o desejo de obter esclarecimento médico (TP), mas, por outro lado, manifestaram a convicção de que, se todos pudessem observar uns em relação aos outros, teríamos respostas mais adequadas sobre o que acontece numa sala de aula (TP).

De forma um tanto quanto oblíqua, despontou a dúvida sobre o fundo epistemológico que subjaz àquele cotidiano, porque ao final não se sabia se as professoras em questão clamavam por saberes médicos ou antropológicos na lida com os problemas trazidos com a inclusão (CC).

Sem dúvida, é de todo importante levar a sério a experiência docente. Por isso, mais uma vez, convém lembrar Goffman (2011, 2012) para trazer ao universo dessa análise as chamadas "propriedades situacionais".

Por um lado, as falas recolhidas naturalizavam subalternidades, como no uso acrítico da expressão "aluno da inclusão", expressão com a qual representações da "não pessoa" foram postas em circulação.

Mas ao mesmo tempo essas professoras se mostraram permeáveis e disponíveis a procurar o que de específico em cada situação poderia transformar uma característica em desvantagem pessoal.

Dar atenção é um gesto essencial, uma postura insubstituível diante da criança que recorrentemente foi motivo de autocrítica das professoras. Nas entrelinhas dessa autocrítica, despontaram elementos para uma antropologia dos gestos.

Se "atenção" e "desatenção" são palavras facilmente associáveis aos repertórios de possibilidades e impossibilidades que crianças com deficiências trazem ao convívio com seus professores, as escolas acumulam experiências que, vistas por dentro, possibilitam acesso a outros sentidos para as mesmas palavras.

Goffman (2011) chama atenção para as situações microscópicas nas quais uma pessoa não consegue dar atenção a todos ao mesmo tempo. O autor empreende essa análise no momento em que almeja compreender rituais de interação.

Tratando das linguagens do corpo nas situações em que "indivíduos podem experimentar uns dos outros enquanto mutuamente presentes" (Goffman, 2011, p. 53), ele chama atenção para os momentos em que alguns se tornam "não pessoas" (idem, p. 75).

Algumas situações estão abertas aos "engajamentos de face", e nessas situações "[...] a interação focada, tratando aglomerados de indivíduos [diz respeito a] um tipo especial de atividade mútua que pode excluir outros presentes na mesma situação" (idem, p. 95).

Aqui nos deparamos com uma espécie de constatação da "função sociológica do olho" que extrapola a percepção microscópica de Goffman e lembra as leituras faciais pensadas por Georg Simmel (2006).

As professoras em questão relataram que as crianças não demandavam atenção apenas com palavras e gestos. Indicaram que a todo momento alguém "pegava o olhar para ser atendido". Rica expressão, literalmente a mesma utilizada por Goffman (2011).

Mostrou-se certo constrangimento em reconhecer que em determinados momentos o controle da situação "exigiu" evitar que a criança com deficiência "pegasse o olhar para ser atendida", considerando o tempo que seria necessário despender, o que representaria perder o controle sobre o todo (TP).

Revelou-se um tenso cuidado em relação ao "dar-se com a face" para que a "ordem dos trabalhos não se perdesse de vez". Esse tenso cuidado se apresentou considerando que "se os olhares se encontrassem, seria impossível não atender".

A formação reclamada como necessária para lidar com o cotidiano dividido com "crianças da inclusão" direcionou-se ao conhecimento anatômico e fisiológico do corpo da criança e, simultaneamente, revelou a percepção que as professoras tinham sobre a sala de aula como um "corpo de crianças", uma metáfora, mas também uma realidade diante da qual se sentiam constrangidas a priorizar membros, dadas as "propriedades situacionais" construídas de modo tão favorável a manter assimetrias entre pessoas (cf. Goffman, 2012).

Quando exprimiam a intenção de saber o que se passava com cada uma das crianças (TP), também demonstravam aspirar por um tipo de análise que as integrasse num todo analítico (CC).

Esse todo analítico dizia respeito à expectativa de superação dos limites do corpo físico como parâmetro intocável e aspiração a encontrar alguém que pudesse efetivamente se pôr no lugar de cada professora, para enxergar o que somente se vê do ponto em que cada uma está (TP).

Somente numa perspectiva interna, vista por dentro (Woods, 2005), seria possível compreender a extensão da angústia provocada pela necessidade de administrar o olhar que não pode ser pego somente por um (TP).

Idealizaram uma situação na qual o específico desses cenários pudesse ser levado em consideração.

É possível reconhecer que a expressão "só se conhece a escola por dentro", cunhada no final da década de 1950 no âmbito do Centro Brasileiro de Pesquisas Educacionais, tem no atual contexto em que a circulação de práticas inclusivas se intensifica uma forma adicional para expressar o mesmo sentido de proximidade reveladora, como diria Antonio Candido, uma atualização sociológica da mesma questão (Candido, 1959; Freitas, 2001).

Assim, é como se tais professoras, as mesmas que emitiram sinais de que usam a palavra "inclusão" com um sentido que tem sido decisivo para estigmatizar crianças, percebessem também que estão dentro de uma dinâmica que tem uma "forma própria de incluir" que, ao termo, estaria produzindo também excluídos por dentro, numa espécie de paráfrase distraída dos excluídos no interior de Pierre Bourdieu (2005).

A expectativa de receber formação específica idealizou uma decifração do corpo e do intelecto possivelmente feita pelos saberes médicos, mas ao mesmo tempo projetou uma aspiração própria, a de que certos saberes docentes acumulados na própria experiência da docência fossem reconhecidos como necessários para que se soubesse o que a educação da criança pequena tem de desafiador (TP).

O que essa aproximação revelou

É importante reforçar ao leitor que a aproximação em relação aos professores de educação infantil aqui narrada teve por objetivo "colher" os sentidos de inclusão produzidos quando cada uma das protagonistas dessa trama se expôs, quando falou e escreveu de si.

Tal como afirmamos ao início, levou-se a efeito a escuta, o "dizer de si, quando e por que diz do outro" (Silva, 2013). Assim, ao término da pesquisa de fato escutaram-se professoras que delineavam "aquele outro" quando queriam explicar o "eu sou" de cada uma.

Foi por isso que no início do capítulo indicamos que adentrava um lugar metafórico. Esse lugar representa o universo coletivo da percepção de alteridade que as professoras abordadas construíram.

"Dentro" dessa percepção de alteridade emergiu um modo de falar da identidade professoral que se tornou tanto mais compreensível quanto o tema das expectativas foi alimentado.

Mesmo que se tenha perguntado sobre o significado da inclusão educacional, que se tenha indagado se a educação infantil tem problemas específicos para receber crianças com deficiências e tenha sido solicitado que informassem qual formação gostariam de receber para trabalhar com crianças com deficiências, não queremos finalizar este capítulo fazendo um balanço de respostas.

Este segundo capítulo foi escrito com base na constatação de que, no âmbito da educação infantil e possivelmente no universo da educação básica como um todo, ocorre cotidianamente uma ressignificação do sentido de inclusão e, no caso dessa análise, a pesquisa feita percebeu que uma reordenação de sentido singular ocorre quando a criança e as particularidades de seu corpo se tornam conteúdo das falas de si, ou seja, quando professoras pontuam o que são, o que sabem e o que fazem levando em conta a presença "desse outro", uma criança "diferente" entre as demais, um "aluno de inclusão".

Foi possível perceber certo desalento diante das dificuldades que os processos de inclusão têm proporcionado, mas sobressai nesse sentido um aspecto relacionado à economia simbólica da demarcação da identidade professoral.

Professoras tentam evitar que essa presença, a da criança incluída, seja transformada num marco visível de suas insuficiências e incompletudes profissionais.

Quando a professora reclamou que não queria ser reconhecida pelo que não consegue (TP) e foi acompanhada por outra que considerava injusto que não se percebesse o quanto se conseguia (TP), me deparei com um processo que deixava perceber como o cotidiano estava elaborando e reelaborando aquelas presenças como alteridades desafiadoras.

A criança com deficiência foi seguidas vezes mencionada como "aquele outro". Essa referência aderiu à identidade das professoras tornando-se um dado explicativo das dificuldades com a turma, e essa referência reapareceu na queixa de que "o esforço é mais reconhecido do que a competência" (CC).

Em situações comparativas, nas quais determinados trabalhos foram elogiados, a reação aos elogios foi imediatamente acompanhada de manifestações que pontuaram a contrariedade utilizando a presença da criança com deficiência: "é claro que sim, pois ela tem uma turma que não dá trabalho, não tem inclusão" (CDC).

A aproximação mais constante em relação às famílias foi objeto de tensão específica, uma vez que, segundo as professoras, as mães reivindicavam uma "competência a mais" para receber as chamadas crianças especiais.

Essa expectativa das mães recebeu como contrapartida indicações mais incisivas da especificidade do trabalho docente. A sala de aula com todas as crianças foi descrita como espaço que exige "mais do que maternalidade" e que, por isso, (demarcando uma identidade por contraposição) diferentemente da casa, o que cada uma julgava ter de melhor a oferecer na escola era o profissionalismo (TP).

Justamente porque a palavra "profissionalismo" foi evocada para abordar as tensões proporcionadas pela presença da diferença, do diferente, do "incluído", é que ganharam visibilidade as contradições decorrentes da expectativa de que saberes médicos pudessem "salvar" os diferentes de seus problemas pessoais, enquanto as professoras com saberes próprios (CC) pudessem ser reconhecidas como relevantes e necessárias, "porque professoras" (CC).

As professoras demonstraram, à sua maneira e com seus recursos descritivos, que representam os saberes acumulados na experiência com as crianças que educam como uma plataforma, uma plataforma de saberes, não de unidades curriculares como o que foi identificado no espectro intelectual de médicos, fonoaudiólogos, terapeutas e psicólogos.

Essa plataforma de saberes possibilitou uma projeção da metáfora da sala de aula como corpo maior, polifônico e polissêmico com o qual as professoras têm trabalhado a despeito das dificuldades estruturais e da falta de (in)formação da qual reclamaram.

A presença de crianças com deficiências na educação infantil, no caso analisado, acrescentou algo específico à identidade profissional das professoras. As professoras concluíram que "competências inclusivas" são construídas em relação às expectativas de familiares dos "alunos da inclusão".

Inclusão foi, nessa pesquisa, uma categoria recolhida na experiência local. No âmbito dessa experiência, seu conteúdo quase nunca foi relacionado ao direito de estar. Mas foi, com sentido próprio, um recurso constante para demarcar a alteridade, para sublinhar a presença do diferente entre os demais; o "aluno da inclusão".

O fato é que essas professoras têm, no cotidiano, uma plataforma de saberes que muito pode nos ensinar sobre as situações em que todas as personagens da trama inclusiva estão juntas, no mesmo cenário. Por isso, analisar situações concretas tende a ser o grande desafio em relação ao tema inclusão.

Essas professoras tentaram e tentam "pegar o olho", ou seja, o nosso olho, para que possam, no âmbito dos debates sobre inclusão na educação infantil, cada qual à sua maneira, se fazer enxergar.

3

A pesquisa envolvendo seres humanos à luz dos estudos sociais da infância:
leitura crítica da legislação brasileira

Os estudos sociais da infância vêm provocando, desde as duas últimas décadas do século XX, profundas transformações no modo de analisar os temas "infância" e "crianças".

Trata-se de um campo de conhecimento em construção, mas que desde a elaboração de seus primeiros escritos assume a perspectiva das crianças como atores sociais, com significativa participação na constituição da história e da cultura (Corsaro, 2011), a perspectiva da infância como construção social (James e Prout, 1997) e também a perspectiva da infância como categoria estrutural subordinada da sociedade (Qvortrup, 2010).

A ausência ou o abafamento da voz de crianças na produção acadêmica e nas demais práticas sociais, ou o contrário disso, que é a tentativa de dar-lhes realce, configurou-se importante eixo temático desse campo de estudos, que, a nosso ver, traz contribuições capazes de extrapolar os debates relacionados às pesquisas com esse grupo populacional.

Argumentamos, neste artigo, que as férteis discussões acerca das pesquisas com crianças empreendidas no âmbito dos estudos sociais da infância também podem contribuir para o adensamento de discussões mais amplas sobre ética na pesquisa com seres humanos, trazendo inclusive subsídios aos atuais debates (e embates) a respeito da proposta de formulação de uma resolução sobre ética nas pesquisas com seres humanos específica às ciências sociais e humanas, tal como prevista pela Resolução n. 466/2012 do Conselho Nacional de Saúde.

Para situar o leitor, apresentamos brevemente o itinerário dos estudos sociais da infância com o que procuramos traçar um panorama do debate protagonizado por pesquisadores desse campo sobre a voz das crianças nas pesquisas acadêmicas. Em seguida, apresentamos a legislação brasileira que regulamenta a pesquisa com seres humanos propondo a sua (re)leitura à luz dos estudos sociais da infância.

Será analisada a pretensa universalidade da legislação e, consequentemente, uma questão que desafia legisladores, que é a tensão entre vulnerabilidade e autonomia.

Os estudos sociais da infância

Há muito tempo, a criança faz parte da pesquisa acadêmica, mas, em geral, é na condição de objeto a ser observado, avaliado e interpretado. É nesse sentido que autores como James e Prout (1997) afirmam que a história dos estudos sobre a infância nas ciências sociais e humanas é marcada não pela ausência de interesse pelas crianças, mas por seu silêncio.

Os mais importantes aspectos da vida das crianças não são diretamente enfocados, e elas, muitas vezes, têm sido representadas por instituições que servem também (ou principalmente) a outros interesses (Qvortrup, 1997). Isto é, até recentemente, as crianças não eram estudadas pelo interesse que elas próprias geravam. Eram estudadas na sociologia, a partir, principalmente, do papel de filhos (na sociologia da família) ou do ofício de alunos (na sociologia da educação). A psicologia, por sua vez, esteve mais interessada no futuro adulto que sobreviveria à infância do que na vida das crianças. Suas vidas presentes ocuparam também segundo plano na história dos estudos antropológicos. As crianças, com frequência, serviram apenas como "parte da decoração" da etnografia, tendo suas brincadeiras e suas vidas usadas para "colorir o pano de fundo" da vida dos adultos, das suas relações e da cultura mais ampla (Christensen e Prout, 2005, p. 47). Por outro lado, nos estudos que as focalizaram — observando, com frequência, modos de ensinar e rituais de passagem —, elas foram tomadas, em geral, apenas como vir a ser (James, 2009), como pessoas sendo formadas para tornarem-se seres sociais.

Conforme afirma James (2009), "as crianças, em geral, eram estudadas como representantes de uma categoria que baseava sua significância predominantemente no que elas revelavam sobre a vida adulta" (p. 35; tradução nossa).

Os estudos sociais da infância têm na crítica ao conceito de socialização um exemplo significativo de elaboração de uma perspectiva própria.

Foi principalmente por oposição à concepção de criança passiva em uma socialização operada por instituições que se constituíram os primeiros elementos dos estudos sociais da infância. Com eles, a infância deixa de ser vista como fenômeno biológico, natural e universal, para ser entendida também como construção social, com variações de uma cultura para outra.

A infância também deixa de ser concebida apenas como um momento precursor de outras fases, passando a ser vista como constitutiva e constituinte da cultura e da sociedade. Além disso, as crianças passam a ser vistas como um grupo que apresenta uma vulnerabilidade estrutural, socialmente construída, em detrimento da ênfase na vulnerabilidade natural.

Os paradigmas formulados pelos estudos sociais da infância têm orientado pesquisas nas áreas de Antropologia, História,

Geografia, Pedagogia, Economia, Filosofia e Psicologia, mas as sistematizações mais elaboradas provêm da Sociologia, mais especificamente, da sociologia da infância[1]. Essa diversidade é igualmente observada em relação aos países nos quais as pesquisas do campo se situam, como mostram os artigos do número especial da revista *Current Sociology* (2010), com "estados da arte" sobre as pesquisas na Finlândia (Strandell, 2010), na Romênia (Stanciulescu, 2010), na Alemanha (Zeiher, 2010), na Itália (Baraldi, 2010) e no Brasil (Castro e Kosminsky, 2010), entre outros países. A emergência de tais estudos, contudo, pode ser identificada em países do hemisfério Norte, em especial França, Inglaterra, Portugal, Alemanha e países escandinavos. No Brasil, a presença dos estudos sociais da infância é recente, abrangendo pouco mais de dez anos.

Trata-se de um campo de conhecimento que busca legitimar-se e demarcar seu território. Ele é caracterizado, ainda, por certa fragmentação resultante, em parte, da diversidade de questões exploradas, das origens disciplinares das pesquisas, bem como da diversidade de países em que tais estudos estão situados. Porém alguns autores (James e Prout, 1997; Sirota, 2001; Montandon, 2001; Muñoz, 2006) identificam os princípios centrais que têm orientado os estudos pautados por esses novos paradigmas. Em 1997, James e Prout, por exemplo, ofereceram uma síntese que se constituiu em marco na busca pela integração dos vários estudos que compõem o campo conhecido como "novos paradigmas no estudo da infância".

Essa síntese pode ser resumida em seis pontos: (1) a infância é uma construção social e a demarcação da infância oferece uma estrutura interpretativa para a compreensão dos primeiros anos da vida humana; (2) a infância, como uma variável de análise social, não pode ser totalmente separada de outras variáveis, tais como classe,

---

1. Por exemplo, Heywood (2004) e Hendrick (2005), na História; Corsaro (2011), Prout (2010) e Qvortrup (2015), na Sociologia; Aitken (2001), na Geografia; Renaut (2002), na Filosofia do Direito; Woodhead (1999) e Burman (1999), na Psicologia; James (2009), Montgomery (2009) e Delalande (2011), na Antropologia; e Alderson (2005), na Saúde.

gênero e etnia; (3) relações sociais e culturais de crianças merecem ser estudadas por si mesmas, independentemente das preocupações dos adultos; (4) crianças são e devem ser vistas como atores envolvidos ativamente na construção de suas próprias vidas, na vida daqueles que as cercam e na sociedade em que vivem; (5) a etnografia é uma metodologia que pode ocupar um lugar especial no desenvolvimento de uma nova sociologia da infância, pois permite à criança voz mais direta na produção de dados sociológicos; e (6) a infância é um fenômeno em relação, para o qual a hermenêutica das ciências sociais está fortemente presente (cf. Giddens, 1976), o que significa que há interação mútua entre as interpretações das ciências sociais e a realidade cotidiana das crianças.

Vale ressaltar, ainda, outros pontos importantes presentes em sínteses posteriormente elaboradas sobre os princípios centrais compartilhados pela maior parte dos estudos que se inserem nesse campo de conhecimento: a abordagem da infância é mais global do que individual (Muñoz, 2006); há interesse maior pelo estudo da infância em sua normalidade, ou seja, em condições típicas e comuns para a maioria das crianças, em vez da ênfase em situações particularmente penosas (Muñoz, 2006; Qvortrup, Corsaro e Honig, 2009); a infância é vista como uma forma estrutural que jamais desaparece, não obstante seus membros mudem constantemente e, portanto, a forma se altere historicamente (Jenks, 1997); busca-se "expor oportunidades e constrangimentos estruturais a que as crianças estão submetidas" (Qvortrup, Corsaro e Honig, 2009, p. 4); adota-se uma postura crítica em relação às ideias convencionais sobre socialização (Muñoz, 2006; Qvortrup, Corsaro e Honig, 2009) e sobre desenvolvimento evolutivo (Muñoz, 2006); e, finalmente, propõe-se pesquisar crianças ou infância, tanto quanto possível, por meio de métodos sociológicos ou antropológicos comuns, já que as crianças são, antes de tudo, humanas, não pertencendo à outra espécie que requeira métodos particulares de investigação (Qvortrup, Corsaro e Honig, 2009).

Sendo os estudos sociais da infância um campo heterogêneo, divergências são facilmente encontradas em relação a alguns desses aspectos, principalmente, à ênfase dada a cada um deles. Dois pontos, por exemplo, que carregam certa polêmica são a priorização da abordagem etnográfica nos estudos da infância e o foco na investigação da infância "normal". Assim, apesar da ênfase que alguns autores do campo dão à abordagem etnográfica para a busca das perspectivas das próprias crianças, outros autores insistem na necessidade de assumir a infância, ou a geração, como categoria estrutural da sociedade em abordagens macrossociais e também quantitativas.

O foco maior na investigação da infância "normal", por sua vez, justifica-se, por um lado, pelo interesse em formular conceitos gerais relacionados à infância e às crianças que contribuam para a revisão de teorias sociais (Qvortrup, Corsaro e Honig, 2009). No entanto, como mostram Sarmento e Marchi (2008) e Mizen e Ofosu-Kusi (2013), a investigação por intermédio de crianças que vivem em condições consideradas especialmente vulneráveis pode ser útil e necessária para a construção teórica, na medida em que permite complexificar o entendimento de tais conceitos. Exemplos disso são as pesquisas sobre crianças enfermas e crianças com deficiência apresentadas nos capítulos anteriores.

Esse tem sido, portanto, um processo de intensa atividade de pesquisas e de reflexões teóricas que, conforme sintetiza Muñoz (2006), se orientam para três objetivos principais: contribuir com o crescimento das ciências sociais em geral, incorporando a consideração da infância e a visão das crianças; buscar explicações sociológicas para o necessário enfoque interdisciplinar da infância; e dar visibilidade às crianças como atores sociais, em consonância com as orientações da Convenção Internacional sobre os Direitos da Criança (1989).

Os estudos sociais da infância, ao reconhecerem as crianças como atores sociais competentes na formulação de interpretações sobre o mundo, salientam formas colaborativas de construção do conhecimento nas quais as crianças são convidadas a participar. Assim, autores como Corsaro (2011) identificam que, há pouco mais de duas décadas, foi iniciado, em diferentes países, um movimento geral que se configura pela passagem do pesquisar *as* crianças, caracterizado, principalmente, pela avaliação delas, para o pesquisar *com* ou *para* as crianças.

No Brasil, conforme apontam Delgado e Marchi (2007), o movimento das investigações com crianças é mais recente. As crianças, antes disso, quando ouvidas, tiveram suas vozes interpretadas ou a partir da visão tradicional do desenvolvimento, especialmente na psicologia, ou à luz de teorias convencionais de socialização, como nos trabalhos de Florestan Fernandes (2004/1979) e de José de Souza Martins (1991), mantendo em ambos os casos a ênfase no modo de ser do adulto. Nos últimos anos, porém, uma significativa produção brasileira sobre a participação de crianças nas pesquisas foi publicada. Alguns exemplos são as seguintes coletâneas: *Das pesquisas com crianças à complexidade da infância*, organizada por Altino José Martins Filho e Patrícia Dias Prado (2011); *Infância em perspectiva: políticas, pesquisas e instituições*, organizada por Fernanda Müller (2010); *Ouvindo crianças na escola: abordagens qualitativas e desafios metodológicos para a psicologia*, organizada por Marilene Proença Rebello de Souza (2010); *Teoria e prática na pesquisa com crianças: diálogos com William Corsaro*, organizada por Fernanda Müller e Ana Maria Almeida Carvalho (2009); *Por uma cultura da infância: metodologias de pesquisa com crianças*, organizada por Ana Lúcia Goulart de Faria, Zeila de Brito Fabri Demartini e Patrícia Dias Prado (2009); *Pesquisa-intervenção na infância e juventude*, organizada por Lúcia Rabello de Castro e Vera Lopes Besset (2008); e *A criança fala: a escuta de crianças em pesquisas*, organizada por Silvia Helena Vieira Cruz (2008).

Novas práticas de pesquisas envolvendo crianças convivem com outras mais tradicionais. Com efeito, Christensen e Prout (2002), inspirados em grande parte em Woodhead e Faulkner (2000), identificam quatro modos de olhar as crianças nas pesquisas que as envolvem: como objeto; como sujeito; como ator social; e como participante ou copesquisadora. Os dois primeiros, conforme os autores, fazem parte da tradição das ciências sociais e humanas, enquanto os dois últimos têm uma proveniência mais recente. Eles ressaltam que essas perspectivas coexistem, são usadas lado a lado nas pesquisas contemporâneas. Além disso, "às vezes práticas iniciadas dentro de uma orientação se misturam com práticas de outra, com frequência por descuido, quando implicações éticas de abordagens mais novas deixam de ser consistentemente consideradas" (p. 480; tradução nossa).

Conforme Christensen e Prout (2002) afirmam, a criança vista como objeto é a abordagem mais tradicional; e ela continua sendo frequente, no âmbito do legado do behaviorismo, por exemplo. A criança é concebida nessas pesquisas como dependente, como alguém que age de acordo com os outros. Suas vidas são investigadas pela perspectiva dos adultos e por meio dos dados obtidos com familiares, professores e outros envolvidos no cuidado das crianças, já que elas são tidas como capazes de fornecer apenas informações ambíguas e não confiáveis. Os adultos, por sua vez, são aqueles que garantem o bem-estar das crianças, por isso, o consentimento para que elas participem de pesquisas deve ser obtido por parte deles.

A abordagem das crianças como sujeito tem um percurso próprio e, ao contrário da abordagem anterior, aqui elas não são vistas como controláveis, são reconhecidas como pessoas com subjetividade (Christensen e Prout, 2002). O envolvimento das crianças nas pesquisas caracterizadas por essa abordagem é, como ressaltam os autores, condicionado por julgamentos sobre suas habilidades cognitivas e competências sociais, com frequência associadas à idade.

A criança como ator social é uma perspectiva mais recente que se inspira principalmente nos estudos sociais da infância. Dentro dessa abordagem, as pesquisas também concebem as crianças como sujeitos, em vez de objetos, mas reconhecem além disso a participação delas na reprodução e na transformação do mundo social e cultural em que estão inseridas. As diferenças entre pesquisas conduzidas com adultos e com crianças não são assumidas a princípio, não havendo necessidade de métodos especiais. Como afirmam Christensen e Prout (2002), os métodos empregados, assim como em pesquisas com qualquer outro grupo populacional, devem levar em conta as pessoas envolvidas no estudo, os tipos de questões que se quer investigar e o contexto social e cultural específico da pesquisa.

Um desdobramento dessa abordagem pode ser observado nas investigações em que as crianças são vistas como participantes ativos no processo de pesquisa, assim como são na vida social:

> Essa abordagem se desenvolve em paralelo com novas metodologias das ciências sociais que enxergam a pesquisa como produção conjunta de ambos, pesquisadores e informantes. Seguindo esse desenvolvimento conceitual está a ideia de que as crianças devem ser crescentemente envolvidas como copesquisadoras (Christensen e Prout, 2002, p. 481, tradução nossa).

Bons exemplos de pesquisas que se orientam por essa perspectiva podem ser encontrados em Alderson (2005) e em Fernandes (2009). Sobre a relação entre participação das crianças nas pesquisas e os métodos, Soares, Sarmento e Tomás (2004) fazem uma pertinente observação:

> Um princípio a ter em conta na investigação participativa é que nenhum método de investigação é intrinsecamente participativo (Boyden e Ennew, 1997), sendo a natureza da investigação não uma questão de técnicas de recolha ou tratamento de informação, mas algo que se centra na orientação estratégica da pesquisa, isto é, algo que se relaciona com as concepções epistemológicas e políticas e éticas, com implicações técnicas. É de poderes, mais do que de "*modus faciendi*", que se trata (p. 9).

O mesmo se aplica às outras abordagens apresentadas. A caracterização de determinada pesquisa em uma abordagem não pode ser depreendida apenas dos procedimentos metodológicos por ela utilizados, ainda que alguns métodos sejam mais facilmente encontrados em uma abordagem do que em outra. Com frequência, por exemplo, testes e escalas são utilizados por pesquisas que concebem a criança como objeto; entrevistas, pela abordagem da criança como sujeito; etnografia, quando as crianças são vistas como atores sociais; e pesquisa-participante ou pesquisa-ação, quando as crianças são tomadas como copesquisadoras.

Tem-se assistido, assim, à ampliação do espaço outorgado, à voz e à participação das crianças nas pesquisas.

Legislação brasileira sobre ética na pesquisa com seres humanos

Até o início do século XX, investigações com crianças eram levadas a cabo sem que qualquer cuidado ético fosse considerado. Era comum a utilização de crianças órfãs em pesquisas da área médica, com a justificativa de ser alto o custo do uso de animais (Sigaud et al., 2009). Só em 1947, após os experimentos extremos realizados pela política nazista da eugenia, durante a Segunda Guerra Mundial, normas e legislações que tratam da ética na pesquisa envolvendo seres humanos entraram em vigor. Não obstante, com certa frequência, ainda se encontram denúncias de pesquisas realizadas sem grandes compromissos éticos.

No Brasil, o principal marco legal sobre ética na pesquisa com seres humanos é a Resolução n. 466/2012 do Conselho Nacional de Saúde, que entrou em vigência em 13 de junho de 2013, substituindo a Resolução n. 196/1996. Ela regulamenta pesquisas com seres humanos de todas as áreas do conhecimento, buscando assegurar os direitos e deveres que dizem respeito à comunidade científica, aos participantes da pesquisa e ao Estado, com base nos referenciais da bioética, que se direcionam fundamentalmente para os princípios da autonomia, da não maleficência, da beneficência e da justiça. Conforme afirma o seu preâmbulo, além da Constituição Federal e da Resolução n. 196/1996, ela se fundamenta nos principais documentos internacionais relacionados às pesquisas que envolvem seres humanos: o Código de Nuremberg (1947), a Declaração dos Direitos Humanos (1948), a Declaração de Helsinque (1964, e versões posteriores de 1975, 1983, 1989, 1996 e 2000), o Pacto Internacional sobre Direitos Econômicos, Culturais e Sociais (1966), o Pacto Internacional sobre os Direitos Civis e Políticos (1966), a Declaração Universal sobre o Genoma Humano e os Direitos Humanos (1997), a Declaração Internacional sobre os Dados Genéticos Humanos (2003) e a Declaração Universal sobre Bioética e Direitos Humanos (2004).

A Resolução n. 466/2012 é extensa, composta de 78 artigos distribuídos em catorze capítulos, quase metade destes voltada à definição de trâmites para a aprovação das pesquisas, bem como ao delineamento das atribuições das diferentes instâncias competentes (Comissão Nacional de Ética em Pesquisa, Comitês de Ética em Pesquisa e pesquisadores responsáveis). Há também um capítulo voltado à apresentação de termos e de suas definições, outro, aos fundamentos éticos e científicos pertinentes, mais um relacionado ao processo de consentimento livre e esclarecido, e outro ainda, a possíveis riscos e benefícios.

A promulgação da Resolução n. 466/2012 resulta de intensos debates e fortes críticas dirigidas à Resolução n. 196/1996, especialmente por pesquisadores das ciências sociais e humanas, que não viam suas demandas contempladas na legislação anterior. Três documentos são exemplares a este respeito: o documento síntese do encontro *Ética na pesquisa com seres humanos: avaliação e propostas em relação à Resolução CNS n. 196/1996*, que apresenta discussões travadas na *60ª Reunião Anual da Sociedade Brasileira para o Progresso da Ciência (SBPC)*, em 2008; a moção sobre ética em pesquisa elaborada pela Associação Brasileira de Antropologia (ABA), com apoio da Associação Nacional de Pesquisa e Pós-Graduação em Ciências Sociais (ANPOCS) e da Sociedade Brasileira de Sociologia (SBS), de outubro de 2011; e a carta de novembro de 2011 dirigida ao ministro da Saúde Alexandre Padilha, elaborada conjuntamente pela Associação Brasileira de Pesquisa e Pós-Graduação em Psicologia (ANPEPP), pela diretoria da Associação Brasileira de Psicologia Social (ABRAPSO) e pela Rede Nacional de Ensino e Pesquisa em Terapia Ocupacional (RENETO). Os documentos centravam suas críticas no caráter "uniformizador e universalista" da Resolução. Assim, essa carta de novembro de 2011 apresentou o seguinte argumento:

> Embora pertinente e aplicável à pesquisa biomédica, o modelo de pesquisa em que se inspira a Res. 196 — e, por conseguinte, o modelo de regulamentação que prescreve — ignora a diversidade epistemológica, teórico-metodológica e temática que caracteriza os diferentes campos de conhecimento em que se realizam pesquisas com seres humanos, manifestando-se particularmente insensível às especificidades dos processos de produção de conhecimento nas áreas das Ciências Humanas e Sociais.

Na mesma direção, a moção da ABA solicitava a "urgente separação da regulamentação da ética em pesquisas em ciências sociais e humanas da regulamentação da ética em pesquisa em ciências biomédicas". O documento síntese do encontro realizado em 2008 na reunião da SBPC, por sua vez, apontava para a desconsideração da Resolução n. 196 acerca da diferença entre pesquisas *em* seres humanos e pesquisas *com* seres humanos, a primeira em geral relacionada à pesquisa biomédica e a segunda, às pesquisas em ciências sociais e humanas. Com efeito, conforme Guerriero e Minayo (2013), apesar de sua pretensão universal, essa resolução emprestava a definição de pesquisa das *Diretrizes Éticas Internacionais para Pesquisas Biomédicas envolvendo Seres Humanos*, de 1993, segundo a qual:

> [...] pesquisa constitui uma classe de atividades cujo objetivo é desenvolver ou contribuir para o conhecimento generalizável. O conhecimento generalizável consiste em teorias, relações ou princípios, ou no acúmulo de informações sobre os quais está baseado e que possa ser corroborado por métodos científicos aceitos de observação e inferência (Resolução n. 196/1996, II.1; CIOMS/OMS, 1993).

A Resolução n. 466/2012 avançou neste ponto, com uma definição menos restrita de pesquisa: "[...] processo formal e sistemático que visa à produção, ao avanço do conhecimento e/ou à obtenção de respostas para problemas mediante emprego de método científico" (II.12). No entanto, como afirmam Guerriero e Minayo (2013, p. 770):

> A rigor, a mudança na Resolução n. 466 foi pontual, trocou-se uma definição de pesquisa por outra, sem a devida reflexão sobre suas implicações, que tivesse consequência no texto como um todo. É notório que se toma como referência a pesquisa biomédica, considerada como um modo universal de investigação científica, desconhecendo-se outras racionalidades, abordagens e tradições.

As críticas e os embates em torno da regulamentação da pesquisa envolvendo seres humanos não foram, portanto, aplacados com a formulação da nova resolução. De fato, com ela, o processo foi apenas adiado, já que o próprio documento prevê a elaboração de uma resolução complementar para dar conta das particularidades das pesquisas das ciências sociais e humanas. Tendo isso em vista, criou-se em agosto de 2013 um grupo de trabalho constituído por representantes de 18 associações de pesquisadores das ciências sociais e humanas, encarregado de elaborar tal resolução específica. Em dezembro de 2014, uma minuta foi aprovada por esse grupo, tendo sido posteriormente rejeitada pela Comissão Nacional de Ética em Pesquisa do Conselho Nacional de Saúde. Em seguida, após pequena reformulação da minuta, abriu-se uma consulta pública sobre o documento (em agosto de 2015), que foi então reencaminhado para a análise dessa comissão.

É, portanto, neste contexto de disputa que nos propomos a olhar para a legislação sobre ética em pesquisas com seres humanos em vigor, apoiando-nos nos estudos sociais da infância. Para tanto, focalizaremos nossas análises em dois eixos principais: a pretensão universal da resolução e a concepção de vulnerabilidade que ela encerra.

A "universalidade" na Resolução n. 466/2012

A Resolução n. 466/2012 carrega em si contradições relacionadas à sua pretensão de universalidade, tanto no que diz respeito à sua própria natureza — uma legislação que pretende regular a ética — quanto no que se refere à ênfase dada pela Resolução a uma visão específica de pesquisa (a biomédica), apresentada, por vezes, como se representasse a pesquisa em geral.

A primeira parte da argumentação compreende que, como afirma Walter Benjamin (2004, p. 12-13), um dos precursores dos estudos sociais da infância,[2] "a consumação empírica da eticidade jamais se encontra designada na norma ética — e assim seria superestimá-la acreditar que todo e qualquer mandamento empírico já esteja contido nela". A ética extrapola normas e legislações. Para Bauman (2006), ela é "incuravelmente *aporética*", ou seja:

> Poucas escolhas (e apenas as que são relativamente triviais e de menor importância existencial) são boas sem ambiguidade. A maior parte das escolhas morais é feita entre impulsos contraditórios. O que, porém, é mais importante é que quase todo impulso moral, se se age sobre ele plenamente, leva a consequências imorais (de maneira mais característica, o impulso de cuidar do Outro, quando levado ao extremo, conduz a aniquilação da autonomia do Outro, a dominação e opressão); todavia não se pode implementar nenhum impulso moral a não ser que o agente moral seriamente se esforce para estender o esforço ao limite. [...] Não obstante todos os esforços em contrário, a incerteza acompanhará necessariamente para sempre a condição do eu moral. Pode-se, com certeza, reconhecer o eu moral pela incerteza se tudo o que devia ser feito foi feito (Bauman, 2006, p. 17).

Não era esta, como aponta o autor, a visão de ética característica do mundo medieval, regido pelas leis de Deus. Bauman lembra que, conforme Santo Agostinho, a liberdade, se existia, significava apenas escolher o errado contra o certo, isto é, "transgredir os mandamentos

---
2. Ver Marchi (2011).

de Deus [...]. Estar no certo, de outro lado, não era questão de escolha: significava, pelo contrário, evitar a escolha — seguindo o modo costumeiro da vida" (p. 8-9). O autor argumenta que, na modernidade, embora as condições de vida tenham se transformado profundamente:

> [...] a velha pressuposição — de que a vontade livre se expressa apenas em escolhas erradas, que a liberdade, se não monitorada, sempre verga para a licenciosidade e assim é, ou pode-se tornar, inimiga do bem — continuou a dominar mentes de filósofos e práticas de legisladores (Bauman, 2006, p. 11).

Daí porque alguma forma de coação tinha de fazer parte do jogo. Mas, no instável mundo contemporâneo, "o 'modo certo', uma vez unitário e indivisível, começa a dividir-se em 'economicamente sensato', 'esteticamente agradável', 'moralmente apropriado'. As ações podem ser certas num sentido, e erradas noutro" (Bauman, 2006, p. 9), o que expõe os limites das normas éticas. A responsabilidade moral, que se caracteriza também pela responsabilidade pelo outro, segundo o autor, "não pode ser eliminada, partilhada, cedida, penhorada ou depositada em custódia segura" (p. 285).

No caso das pesquisas com crianças, autores dos estudos sociais da infância vêm chamando a atenção para o fato de que, mais do que procedimentos, técnicas ou escolhas metodológicas, o que define o lugar das crianças nas pesquisas são premissas e posturas assumidas por pesquisadores. Entre elas, está a assunção ou não pelo pesquisador de que as crianças são sujeitos da cultura e são também construtoras de conhecimento. Esse reconhecimento acarreta a aceitação de que elas podem relatar visões e experiências válidas.

A convivência entre as pessoas no processo de pesquisa é construída sempre de forma singular, considerando-se a singularidade do pesquisador e das pessoas envolvidas, a postura do pesquisador ao entrar — e permanecer — no campo, o momento de vida das crianças, suas expectativas em relação à pesquisa etc. (Prado, 2011). Dois aspectos, no entanto, merecem ser destacados como principais fatores que, se não forem bem trabalhados, podem contribuir para o estabelecimento de uma relação de tal forma assimétrica que impossibilite o alcance dos objetivos da pesquisa: o fato de que é "o pesquisador que inicia e estabelece as regras do jogo" e a possível dissimetria social entre a posição do pesquisador e a do "pesquisado" (Bourdieu, 1999, p. 695).

Como observa Bourdieu (1999), a dissimetria entre as posições de pesquisador e "pesquisado" é "redobrada por uma dissimetria social todas as vezes que o pesquisador ocupa uma posição superior ao pesquisado na hierarquia das diferentes espécies de capital, especialmente o capital cultural" (p. 695). No caso de pesquisas com crianças, a desigualdade estrutural entre eles está posta:

> Crianças e jovens não são apenas diferentes do adulto pesquisador. Eles ocupam posições de sujeitos, na sociedade e na cultura, estruturalmente desiguais em relação aos adultos: são menores juridicamente, considerados dependentes do ponto de vista emocional, imaturos do ponto de vista educacional e social, e incapazes do ponto de vista político (Castro, 2008, p. 21).

A segunda parte da argumentação centra-se na inadequação do modelo médico hegemônico assumido pela Resolução n. 466/2012, o que Guerriero e Minayo (2013, p. 777) vêm chamando de "biocentrismo". Esse é um aspecto que pode ser observado nas disposições preliminares da Resolução, quando se afirma que o documento incorpora referenciais da bioética, dentre outros. Apenas os da bioética parecem dignos de menção específica. Observa-se também que boa parte dos artigos (cinco) e parágrafos (19) contidos nesse instrumento jurídico refere-se exclusivamente às ciências biomédicas, enfatizando a pesquisa em reprodução humana, o desenvolvimento de novas drogas, as eventuais interferências sobre a fertilidade das participantes, os riscos de danos ao feto, o material biológico obtido no decorrer da pesquisa, os tratamentos alternativos etc.

Há avanços se considerarmos o texto da resolução anterior, a 196/1996, especialmente pelo fato de a resolução em vigor se comprometer com a formulação de um texto complementar, específico para as pesquisas em ciências sociais e humanas. No entanto, como sublinhado pelo coordenador da Comissão Nacional de Ética em Pesquisa (CONEP) — que não por acaso se situa no Ministério da Saúde — em carta dirigida ao grupo de trabalho (GT), responsável pela elaboração de tal resolução específica das ciências sociais e humanas, ao se opor à minuta apresentada pelo GT: para que não haja um sistema paralelo de avaliação, uma resolução específica não deve substituir a normativa em vigor, sua função é de apenas complementá-la (Venancio, 2015). Assim, a legislação geral sobre pesquisas com seres humanos centra-se nas ciências biomédicas; às ciências sociais e humanas resta a promessa de um apêndice que leve em conta suas especificidades.

Concordamos com Guerriero e Minayo (2013) quando afirmam que:

> O problema central da extrapolação dos procedimentos éticos das pesquisas clínicas e biomédicas para os estudos sociais empíricos, mantido na Resolução n. 466/2012, é considerar que a relação do pesquisador com os participantes da pesquisa se estabelece e se mantém da mesma maneira nas diferentes comunidades científicas. No caso das ciências sociais e humanas, em geral, os participantes não são vistos apenas como objeto de estudo, mas interatuam com os investigadores, e sua colaboração tem um caráter de interpretação de primeira ordem [...] (Guerriero e Minayo, 2013, p. 768).

Na pesquisa social, as relações estabelecidas entre pesquisadores e participantes implicam, muitas vezes, aspectos não previstos em protocolos de pesquisa. Apesar disso, não consta na resolução qualquer reflexão sobre a qualidade do relacionamento que se estabelece entre pesquisador e participantes. O olhar é consideravelmente diverso se o ser humano em vez de ocupar a posição de objeto a ser investigado, como no caso de uma pesquisa interessada em saber se um organismo doente responde bem a uma nova droga ou técnica cirúrgica, ocupa o lugar de um participante da pesquisa, que colabora com o conhecimento em construção ao oferecer outro ponto de vista, diferente daquele do pesquisador, por se tratar de uma criança, de um jovem, de um velho, por se tratar de alguém com uma cultura diferente, de uma diferente pertença étnico-racial, que faz parte de outra classe social ou simplesmente por se tratar de um "outro" singular.

Tal compreensão foge à abordagem que considera possível em qualquer caso prever os mais importantes aspectos de um estudo na elaboração de um protocolo. Se nas ciências biológicas o imprevisto diz respeito quase exclusivamente aos resultados das pesquisas, e exige-se — não sem razão — o detalhamento de protocolos, a previsão dos riscos possíveis e a definição *a priori* de cada procedimento que envolva seres humanos, no caso de pesquisas, como as desenvolvidas no âmbito dos estudos sociais da infância, que se alinham ao paradigma da criança-ator (ou adulto-ator), seria um equívoco considerar a participação do outro previsível.

O que Mayall (2005), Corsaro (2011) e Mann e Tolfree (2003) advogam é justamente o contrário: ouvir crianças nas pesquisas significa, antes, trazer perspectivas e saberes diferentes daqueles dos adultos pesquisadores, que poderão somar-se a estes ou mesmo colocá-los em questão. Estudar *com* crianças abre, portanto, ao pesquisador uma perspectiva que, sem elas, não se teria. Assim, a compreensão de fenômenos e as próprias agendas de pesquisas podem ser modificadas por meio desse tipo de experiência investigativa (Mayall, 2005).

Logo a seguir analisaremos um exemplo que pode ser útil para mostrar riscos da pretensão universal da Resolução n. 466/2012 e que conecta este capítulo com a análise levada a efeito na pesquisa denominada *A participação de crianças na pesquisa acadêmica brasileira das ciências sociais e humanas* (Prado, 2014).

A pesquisa investigou como a participação de crianças vem sendo incorporada por pesquisadores nacionais da antropologia, da educação, da psicologia e da sociologia. Foram analisados 179 artigos acadêmicos dessas áreas, que relatam pesquisas com o envolvimento de crianças e que foram publicados entre os anos de 2000 e 2012 em periódicos classificados como A1 ou A2 pela CAPES. Entre os achados, observou-se que quase metade dos trabalhos analisados não faz referência a cuidados éticos tomados, e os que o fazem restringem-se, em geral, às prescrições da legislação.

Poucos são os artigos que discutem dilemas éticos, explicitando e justificando escolhas dos autores. Raros também são os trabalhos que relatam o assentimento de crianças em participar das pesquisas. Mais frequente é o relato do consentimento de adultos, "responsáveis por elas". Partindo das categorias de pesquisas com crianças identificadas por Christensen e Prout (2002) — crianças como objeto, crianças como sujeito, crianças como atores sociais e crianças como copesquisadoras —, observou-se que, paradoxalmente, os artigos que mais fazem menção a cuidados éticos são aqueles que adotam uma perspectiva de pesquisa em que a criança é tomada como objeto, e não como sujeito ou ator social. O que nos pareceu indicar que a referência a aspectos éticos é, muitas vezes, realizada de forma heterônoma, constituindo-se mais como resultado de normas prescritas do que da atividade reflexiva do pesquisador.

É possível também aventar a hipótese de que o atual marco legal sobre ética na pesquisa envolvendo seres humanos acaba por privilegiar estudos que assumem a perspectiva da criança como objeto, pois valoriza o previsível e abre pouco espaço para o reconhecimento da autonomia dos participantes, como se observa na sequência.

Vulnerabilidade e autonomia na Resolução n. 466/2012

Historicamente, a criança foi vista como controlada e protegida pela família, em consonância com a tradicional visão de criança oferecida pela sociologia e, em especial, pela psicologia do desenvolvimento, que a posicionava como em permanente processo de vir a ser. Isso, somado à preocupação com as vítimas de guerra, contribuiu para que as declarações internacionais dos direitos das crianças enfatizassem a necessidade de proteção contra violência e abusos, além da garantia de bens e serviços, em detrimento dos chamados direitos de liberdade (Alderson, 2005).

Impulsionados, em parte, pelos estudos sociais da infância — ao mesmo tempo que os impulsionava —, os direitos das crianças assumiram nova dimensão nas últimas décadas com o reconhecimento dos direitos de participação pela Convenção Internacional sobre os Direitos da Criança, proclamada pela Organização das Nações Unidas em 1989 e ratificada pelo Brasil no ano seguinte. Ela inspirou a elaboração do Estatuto da Criança e do Adolescente (1990), bem como do artigo 227 da Constituição Federal (1988), que assegura absoluta prioridade à criança e delega à família, à sociedade e ao Estado a garantia de seus direitos.

A Convenção estendeu para as crianças todos os direitos e todas as liberdades descritas na Declaração Universal dos Direitos Humanos. Os artigos da Convenção inspirados pelos direitos de liberdade são o 12, que trata do direito da criança de manifestar seu ponto de vista em assuntos que a afetam; o 13, que garante a liberdade de expressão; o 14, que aborda o respeito à liberdade de pensamento, de consciência e de crença; o 15, que se refere à liberdade de associação e reunião pacífica; e o 16, que atenta para o direito à privacidade. Há, portanto, como afirma Lee (2010), a promessa de "um 'lugar' para as crianças que está fora dos casulos de preservação e mediação que as cercam quando são definidas como em processo de 'vir a ser humano'" (p. 53).

Apesar disso, o texto da Convenção **mantém, em** seu preâmbulo, uma concepção próxima à da Declaração Universal dos Direitos da Criança, de 1959, afirmando **que a criança** precisa de proteção especial, por conta de sua **falta de** maturidade física e intelectual. Ao mesmo tempo que **inova, a** Convenção mantém aspectos das cartas anteriores (Renaut, 2002). Identifica-se, assim, uma tensão intrínseca a ela originada pela promulgação simultânea de direitos à proteção e à participação (Rosemberg e Mariano, 2010; Qvortrup, 2010).

Tal tensão tem sido objeto de intenso debate entre os autores dos estudos sociais da infância que consideram que, em determinadas circunstâncias, o direito da criança à proteção, que é um direito inegável, tem sido invocado com justificativa central para as restrições à sua liberdade, o que Qvortrup (1997) denomina de "exclusão protetora". Ou seja, assim como ocorre com a apropriação e o uso das palavras "vulnerabilidade" e "inclusão" (como visto no capítulo anterior), é necessário perguntar: o que se entende por proteção quando se escreve que a criança tem direito a ser protegida?

A "proteção", que é uma palavra onipresente nos debates sobre direitos na infância, é evocada mesmo quando não é estritamente necessária para a segurança da criança. Mais recentemente, Qvortrup (2010, p. 779) perguntou:

> Esse debate entre várias posições prossegue entre nós: deveríamos fazer de tudo para proteger as crianças ao preço de deixá-las fora da "sociedade" ou deveríamos reconhecê-las como pessoas, participantes, cidadãs com o risco de expô-las às forças econômicas, políticas e sexuais — vistas como um perigo [...]?

Ele reconhece que em ambos os lados há bons argumentos, pois ninguém estaria disposto a expor as crianças a todos os riscos de uma sociedade tão complexa e impregnada de violências estruturais, ao mesmo tempo que não se pode negar às crianças "se experimentarem como pessoas que contribuem para a sociedade" (p. 779).

Castro (2011) ressalta que considerar o ponto de vista das crianças e permitir que elas tomem decisões implica a assunção de que crianças e adultos podem não ter as mesmas noções de risco e de responsabilidade nos assuntos que os envolvam.

Por outro lado, há situações em que direitos de proteção e participação se complementam, pois o direito de crianças participarem do que lhes diz respeito também tem sido considerado fundamental para assegurar o cumprimento dos demais direitos e a vigência do princípio do "interesse maior da criança" (Cussiánovich e Márquez, 2002; Alderson, 2005).

Isso remete ao fato de que os adultos nem sempre sabem do que as crianças precisam e o que elas querem. Além disso, há hoje um reconhecimento crescente de que os pais são também capazes de "abusar" de seus filhos. Fernandes (2009) lembra que esse reconhecimento, atualmente, é tão banal que é difícil compreender o espanto causado pelo caso da menina Mary Colwell, em 1871, no Reino Unido, que invocou a lei contra a crueldade com os animais para ser protegida contra os maus-tratos do pai.

Mesmo os Estados que não raramente abandonam as crianças à pobreza ou aos perigos de guerras têm, em sua maioria, um perfil que exalta o papel protetor e preservador dos adultos (cf. Lee 2010). Em poucas palavras, faz-se necessário perceber que a criança não fala quando dela se fala. Quando é mencionada, contraditoriamente é mantida em silêncio.

Contradições não param de emergir, pois é a mesma sociedade com os mesmos aparatos legais que simultaneamente silencia crianças enquanto anuncia que está assumindo a responsabilidade de protegê-las contra abusos e explorações.

Nesse sentido, a questão apresentada por Lee, denominada em seu texto de "dependência silenciosa", tem profunda pertinência: "como se defender dos que supostamente deveriam protegê-la se parte da 'proteção' que eles lhe oferecem é falar ao mundo em seu nome?" (p. 47).

A ambivalência em relação à infância apresentada pela Convenção é coerente com a própria natureza desta normativa. Diz ele:

> A Convenção faz promessas sobre o futuro de todas as crianças do mundo. A maior das promessas é a de que os artigos que contém sejam aplicáveis na prática para todas as crianças, onde quer que vivam e seja qual for a condição geral da infância em seu país. [...] Os autores do artigo 12 precisaram, portanto, encontrar uma maneira de fazer com que o geral e o particular se encontrassem. [...]

Assim, para ser levado a sério como parte de uma regulamentação global, para não ser descartado como muito restrito em seu foco ou abstrato demais para ser útil, o artigo 12 tinha que conter ambiguidades quanto ao *status* das crianças como ser humano ou como em processo de vir a ser humano (Lee, 2010, p. 53-54).

A Convenção transfere aos legisladores e gestores dos Estados que a ratificaram a responsabilidade por gerir tal ambiguidade acerca da infância, o que pode ser uma forma efetiva de "atribuir aos Estados a tarefa e a responsabilidade de pensar seriamente sobre a voz das crianças" (p. 55).

Não nos parece que tal responsabilidade tenha sido assumida na Resolução n. 466/2012. Ao contrário, ela adota um enfoque predominantemente protecionista (necessário, talvez, às pesquisas biomédicas). Pois, apesar de mencionar o respeito à liberdade e à autonomia do ser humano, tal respeito é reduzido apenas à escolha em participar ou não da pesquisa. Não há menção à possibilidade de participação de crianças ou adultos colaboradores na decisão sobre como os dados sobre eles serão utilizados, como defende Kramer (2002). Não há sequer abertura para que pesquisadores e colaboradores decidam, caso a caso, se convém ou não manter o sigilo sobre a identidade dos participantes. Segundo a Resolução, o pesquisador deve assegurar sigilo e confidencialidade em relação aos envolvidos, ainda que, conforme argumentam Kramer (2002) e Müller (2012), existam casos em que identificar os participantes, mesmo se tratando de crianças, pode ser visto como maneira de expressar respeito pela fala do outro e de valorizar a sua autoria.

Especificamente em relação à pesquisa com crianças, há apenas um artigo:

> Nos casos de restrição da liberdade ou do esclarecimento necessários para o adequado consentimento, deve-se, também, observar:
> a) em pesquisas cujos convidados sejam crianças, adolescentes, pessoas com transtorno ou doença mental ou em situação de substancial diminuição em sua capacidade de decisão, deverá haver

justificativa clara de sua escolha, especificada no protocolo e aprovada pelo CEP, e pela CONEP, quando pertinente. Nestes casos deverão ser cumpridas as etapas do esclarecimento e do consentimento livre e esclarecido, por meio dos representantes legais dos convidados a participar da pesquisa, preservado o direito de informação destes, no limite de sua capacidade (Brasil, 2012, IV.6a).

Assim, o consentimento livre e esclarecido é definido, principalmente, como prerrogativa dos representantes legais das crianças. E estas são consideradas sujeitos com autonomia reduzida, fazendo parte do grupo concebido pela Resolução como "vulnerável", em oposição àqueles "com autonomia plena". Estes últimos têm a primazia nas pesquisas:

> [a pesquisa deve] ser desenvolvida preferencialmente em indivíduos com autonomia plena. Indivíduos ou grupos vulneráveis não devem ser participantes de pesquisa quando a informação desejada possa ser obtida por meio de participantes com plena autonomia, a menos que a investigação possa trazer benefícios a indivíduos ou grupos vulneráveis (Brasil, 2012, III.1j).

O artigo caminha na contramão da agenda de pesquisa proposta pelos estudos sociais da infância que reivindica a abertura de espaços para a participação e a voz das crianças e fornece mais um exemplo de como o que aparentemente faz sentido para as áreas biomédicas pode entrar em choque com paradigmas assumidos por abordagens das ciências sociais e humanas.

Os estudos sociais da infância têm como uma de suas principais origens a crítica ao viés adultocentrista da psicologia do desenvolvimento (Rosemberg, 1976; Prout, 2010), que tradicionalmente avalia a criança considerando sua maior ou menor competência em relação ao padrão adulto, que personifica, por suposto, racionalidade e completude, enquanto a prática social da criança, com sua estrutura de significados, específica e coerente, é ignorada (Jenks, 2002). O adulto é concebido, pela teoria, como maduro, racional e competente; a criança, em oposição, tida como inacabada, incompleta, reduzida ao vir a ser. O que os estudos sociais da infância advogam é o reconhecimento de que crianças, assim como os adultos, são seres e devires (Castro, 2011).

Pesquisas que tomam as crianças pela perspectiva da imaturidade correm o risco, como alerta Alderson (2005), de produzir análises que reforcem a ideia de sua incompetência. Segundo ela, entram aí, por exemplo, o uso de palavras e conceitos simples demais e a seleção de crianças que não tiveram experiências relevantes sobre o tema a ser pesquisado. Daí, o seu questionamento ao fato de que, usualmente, as crianças ouvidas sobre patologias e tratamentos médicos são principalmente as que não apresentam problemas de saúde. Além disso, a linguagem, os temas e os métodos complexos demais ou mal explicados para as crianças também podem, conforme a autora, fazer com que as crianças pareçam incapazes. Para evitar isso, Alderson sugere que os pesquisadores busquem a ajuda das crianças para a adoção de uma fala mais apropriada, e exemplifica:

> Durante uma pesquisa sobre o consentimento das crianças para cirurgias, perguntei a uma criança de dez anos: "Então, vão fazer suas pernas crescerem?" e ela respondeu: "Tenho acondroplasia e eles vão alongar os meus fêmures", mostrando-me, educadamente, seu sofisticado nível de fala e percepção (Alderson, 1993, apud Alderson, 2005, p. 424).

A concepção do pesquisador sobre esses sujeitos irá definir a relação com eles, além de fundar, como aponta Castro (2008), o próprio saber científico a ser produzido. A autora exemplifica:

> [...] ela [a desigualdade estrutural] pode se naturalizar ao se assumir como inevitável e inquestionável a posição de desigualdade da criança e do jovem no mundo e, também, consequentemente, no dispositivo de pesquisa. Ou pode ser problematizada, tendo-se em vista uma outra concepção de infância e de juventude que determina, consequentemente, outros modos de encaminhamento do dispositivo de pesquisa (p. 21).

A definição da criança como essencialmente vulnerável é, portanto, inadequada, como é também inadequada a visão do adulto como indivíduo com autonomia plena, conforme estabelece a Resolução n. 466/2012.

Faz-se necessário reconhecer nuances entre essas duas categorias, como o fazem Guerriero e Minayo (2013) ao se referirem ao tratamento das pessoas em "situação de vulnerabilidade" como uma importante questão para os pesquisadores. Em um sentido próximo da tensão discutida anteriormente entre direitos de proteção e de participação, afirmam elas:

> Um desafio importante para qualquer pesquisador e, de forma muito particular, para os que fazem estudos sociais empíricos, é como tratar as pessoas em situação de vulnerabilidade sem retirar delas seu poder de decisão. Uma opção seria relacionar-se com elas de maneira paternalista dentro do pressuposto de que o pesquisador e o sistema CONEP-CEP [Comissão Nacional de Ética em Pesquisa — Comitê de Ética em Pesquisa] saberiam o que é melhor para elas. Uma segunda postura é reconhecer nessas pessoas não só sua vulnerabilidade, mas também suas potencialidades, criando espaços de discussão e decisão conjunta. Se escolher a segunda maneira de agir, o pesquisador não trabalhará para proteger seus interlocutores, mas para incluí-los na pesquisa, respeitando sua liberdade e deliberação (p. 771).

Esta segunda maneira de agir encontra respaldo nas discussões propostas por Bauman (2006) acerca da moral e da ética; para o autor, ser responsável pelo outro significa estabelecer diálogo, reconhecendo semelhanças e honrando diferenças.

Concluímos, assim, ao final deste capítulo que as mais essenciais questões relacionadas à ética na pesquisa extrapolam legislações e normas, mostrando seus limites e, inclusive, incoerências, já que, como afirma Schmidt (2008, p. 392), "a ética não se concretiza por decreto, sendo matéria de reflexão e escolhas situadas". Afirmamos com isso que qualquer que seja a resolução que venha a vigorar no intento de promover relações éticas entre pesquisadores e pessoas envolvidas nas pesquisas das ciências sociais e humanas, ela será insuficiente, ainda que justificadamente possa ser vista como necessária à construção de relações mais justas e respeitosas.

Para tanto, há que se adensar a reflexão sobre possíveis sentidos de noções que devem estar no centro dos debates acerca da ética na pesquisa: as noções de vulnerabilidade e de proteção. Daí a importância de olharmos de perto situações nas quais seus sentidos são produzidos e interpretados, como as interações em uma sala de espera de um ambulatório especializado no atendimento de crianças cronicamente enfermas (capítulo 1) ou as opiniões e o testemunho de professoras de crianças com deficiências (capítulo 2).

Tais visadas são capazes de deslocar o debate, colocar questões em outros termos, pois nos mostram, por exemplo, que a deficiência só aparece se há a "eficiência" de um outro; ou que uma criança com limitações severas resultantes do convívio com doenças crônicas pode ser vista pela própria mãe como "mãe da mãe", por ser capaz de cuidar bem de si e de manejar parte de seu tratamento.

Exemplos como esses expõem a inadequação do sentido de proteção que pode ser apreendido na Resolução n. 466/2012. Ao orientar que se privilegie a participação de indivíduos com "autonomia plena" nas pesquisas, em detrimento daqueles considerados vulneráveis, a Resolução promove aquilo que, conforme mencionado anteriormente, Qvortrup (1997) chama de "exclusão protetora".

Negar o direito à voz às crianças, ou a qualquer outro grupo considerado vulnerável, não nos parece uma forma de avançar em direção a relações mais éticas na pesquisa. Respostas mais efetivas nesse sentido podem vir de discussões sobre como abrir espaços para as crianças, pois, se nos colocamos contrários a ideia de uma vulnerabilidade inerente extensível à toda e qualquer criança, reconhecemos a vulnerabilidade estrutural que caracteriza a infância nas sociedades ocidentais contemporâneas (Fernandes, 2009; Rosemberg, 2008). Como afirmam Rosemberg e Mariano (2010, p. 721), os direitos de participação das crianças precisam ser interpretados à luz dos "riscos reais derivados de nós adultos e das instituições que criamos, ao impingirmos à infância uma posição de subordinação".

Breves considerações finais

Buscamos, neste livro, nos aproximar da vulnerabilidade infantil enquanto fenômeno e enquanto construção social para dialogar com professores a partir de diferentes enquadramentos: crianças cronicamente enfermas e suas mães; professores que se veem desafiados ao trabalharem junto a crianças com deficiência; e posições acerca da infância suscitadas pela legislação que regulamenta pesquisas com seres humanos.

O leitor não encontrou aqui caminhos ou fórmulas que simplificassem o ofício do professor em sua tarefa diária com crianças vulneráveis, ou mais vulneráveis do que outras. Em vez disso, o que nos propusemos a oferecer foi um convite à construção compartilhada de conhecimento, na qual crianças, familiares, professores, legisladores, pesquisadores de diferentes áreas precisam ter vez e voz.

Alinhamo-nos, assim, a posição defendida por Souza Santos (1989) e reafirmada por Schmidt (2006, p. 13), que "faz apelo a uma democratização do saber não apenas em seu momento de divulgação e 'aplicação', mas, além disso, na ordem de sua constituição ou produção". Por meio da articulação de múltiplas vozes e da observação atenta de circunstâncias comuns da vida cotidiana, o entendimento acerca das vulnerabilidades infantis pode adquirir densidade, fugindo de visões dogmáticas e demasiadamente generalizantes.

Neste intento, diferentes linguagens, como a da literatura, do cinema e de outras artes, têm também muito a contribuir. Por isso, finalizamos este volume apresentando indicações de filmes e livros que nos provocam a refletir sobre crianças, educação e vulnerabilidade, em suas distintas configurações.

Para aprofundamento

Filmes que recomendamos

A fita branca. Direção de Michael Haneke. França/Itália/Áustria/Alemanha: Wega Film; Les Films du Losange; X-Filme Creative Pool, 2009 (144 min.).

A invenção da infância. Direção de Liliana Sulzbach. Brasil: M. Schmiedt Produções, 2000 (26 min.).

A língua das mariposas. Direção de José Luis Cuerda. Espanha: Warner Home Vídeo, 1999 (96 min.).

As 200 crianças do Dr. Korczak. Direção de Andrzej Wajda. Polônia: British Broadcasting Corporation/Erato Films (115 min.).

Bem-Vindos. Direção de Lukas Moodysson. Dinamarca/Itália/Suécia: Lars Jönsson, 2000 (106 min.).

Boyhood. Direção de Richard Linklater. EUA: Boyhood Inc.; Detour Film Production, 2014 (165 min.).

Central do Brasil. Direção de Walter Salles. Brasil: Europa Filmes, 1998 (113 min.).

Do luto à luta. Dirigido por Evaldo Mocarzel. Brasil: Like Filmes, 2005 (75 min.).

Eu sou o senhor do castelo. Direção de Régis Wargnier. França: Cult Classic, 1989 (88 min.).

Helium. Direção de Anders Walter. Dinamarca: M&M Productions A/S, 2013 (23 min.).

Janela da alma. Direção de João Jardim e Walter Carvalho. Brasil: Copacabana Filmes/Ravina Filmes, 2002 (73 min.).

Machuca. Direção de Andrés Wood. Chile: Mais Filme, 2004 (120 min.).

Minha vida em cor-de-rosa. Direção de Alain Berliner. Bélgica/França/Reino Unido: Classicline, 1997 (88 min.).

Mutum. Direção de Sandra Kogut. Brasil: Tambelinni Filmes; Gloria Films; Vídeo Filmes, 2007 (97 min.).

Nenhum a menos. Direção de Zhang Yimou. China: Beijing New Picture Distribution Company, Columbia Pictures Corporation, Film Productions Asia, Guangxi Film Studio, 1999 (106 min.).

O ano em que meus pais saíram de férias. Direção de Cao Hamburger. Brasil: City Lights Pictures, 2006 (110 min.).

O menino do pijama listrado. Direção de Mark Herman. EUA/Reino Unido: Miramax, 2008 (94 min.).

Pro dia nascer feliz. Direção de João Jardim. Brasil: Tamberllini Filmes; Fogo Azul Filmes; Globo Filmes, 2006 (88 min.).

Querô. Direção de Carlos Cortez. Brasil: Querô Filmes, 2007 (90 min.).

Ray. Direção de Taylor Hackford. EUA: Anvil Films; Baldwin Entertainment Group; Bristol Bay Productions, 2004 (152 min.).

Tarja branca. Direção de Cacau Rodhen. Brasil: Maria Farinha Filmes, 2014 (80 min.).

Vermelho como o céu. Direção de Cristiano Bortone. Itália: California, 2006 (96 min.).

XXY. Direção de Lucía Puenzo. França/Espanha/Argentina: Historias Cinematograficas Cinemania, Wanda Visión S.A., Pyramide Films, 2007 (86 min.).

Literatura que recomendamos

AMADO, Jorge. *Capitães de areia*. São Paulo: Companhia das Letras, 2008.

DICKENS, Charles. *Oliver Twist*. São Paulo: Companhia das Letrinhas, 2007.

FILIPOVIĆ, Zlata. *O diário de Zlata*. São Paulo: Seguinte, 1994.

FRANK, Anne. *O diário de Anne Frank*. Rio de Janeiro: Record, 2003.

HADDON, Mark. *O estranho caso do cachorro morto*. Rio de Janeiro: Record, 2013.

RAMOS, Graciliano. *Infância*. Rio de Janeiro: Record, 2012.

TEZZA, Cristovão. *O filho eterno*. Rio de Janeiro: Record, 2007.

Sites que recomendamos

Fundación Iberoamericana de Síndrome de Down: <http://www.down21.org/>.

Inclusive — inclusão e cidadania: <http://www.inclusive.org.br/>.

Instituto Nacional de Educação de Surdos: <http://www.ines.gov.br/>.

Movimento Down: <http://www.movimentodown.org.br/>.

Rede SACI — Solidariedade, Apoio, Comunicação e Informação: <http://saci.org.br/>.

Enable — Secretariado das Nações Unidas para os direitos das pessoas com deficiência: <http://www.un.org/disabilities/>.

Referências

AITKEN, S. Global crises of childhood: rights, justice and unchildlike child. *Area*, v. 33, n. 2, p. 119-127, 2001.

ALDERSON, P. As crianças como pesquisadores: os efeitos dos direitos de participação sobre a metodologia de pesquisa. *Educação & Sociedade*, Campinas, v. 26, n. 91, p. 419-442, maio/ago. 2005.

ARIÈS, P. *História social da criança e da família*. Rio de Janeiro: Guanabara, 2006.

AUGÉ, M. *Não-lugares*. Campinas: Papirus, 2010.

BAPTISTA, C. R. Batesonianas: uma aventura entre a epistemologia e a educação. In: _____; CAIADO, K. R. M.; JESUS, D. M. (Org.). *Educação especial*: diálogo e pluralidade. Porto Alegre: Mediação, 2010. p. 71-86.

BARALDI, C. Children's citizenships: limitations and possibilities of childhood sociology in Italy. *Current Sociology*, v. 58, p. 272-291, 2010.

BAUMAN, Z. *Ética pós-moderna*. São Paulo: Paulus, 2006.

BENEDICT, R. *Patterns of culture*. Boston: Houghton Mifflin, 1935.

BENJAMIN, W. *Reflexões sobre a criança, o brinquedo e a educação*. São Paulo: Duas Cidades/Editora 34, 2004.

BERNSTEIN, B. *Pedagogía, control simbólico e identidad*. Madrid: Ediciones Morata, 2000.

BOURDIEU, P. *A economia das trocas simbólicas*. São Paulo: Perspectiva, 2004.

_____. *A miséria do mundo*. Petrópolis: Vozes, 2005.

_____; SAINT-MARTIN, M. "As categorias do juízo professoral". In: NOGUEIRA, M. A.; CATANI, A. (Org.) *Pierre Bourdieu*: escritos de educação. Petrópolis: Vozes, 1998. p. 185-216.

BRASIL. *Constituição (1988)*. Constituição da República Federativa do Brasil. Brasília: Senado, 1988.

_____. *Estatuto da Criança e do Adolescente*. Lei n. 8.069, de 13 de julho de 1990. Brasília, 1990.

_____. Ministério da Saúde. Conselho Nacional de Saúde. Diretrizes e normas regulamentadoras sobre pesquisa envolvendo seres humanos. *Resolução n. 196*, de 10 de outubro de 1996. Brasília: CNS, 1996.

_____. Ministério da Saúde. Conselho Nacional de Saúde. Diretrizes e normas regulamentadoras sobre pesquisa envolvendo seres humanos. *Resolução n. 466*, de 12 de dezembro de 2012. Brasília: CNS, 2013.

BUENO, J. G. S. Educação inclusiva: princípios e desafios. *Mediação*, Rio de Janeiro, v. 1, p. 22-28, 1999.

_____; MELETTI, S. M. F. Escolarização de alunos com deficiências: uma análise dos indicadores sociais no Brasil (1997-2006). *Cadernos ANPAE*, São Paulo, v. 10, p. 1-13, 2011.

BURMAN, E. *Deconstructing development psychology*. London/New York: Routledge, 1999.

BUTLER, J. *Bodies that matter*: on the discursive limits of sex. New York: Routledge, 1993.

_____. *Gender trouble*: feminism and the subversion of identity. New York: Routledge, 1990.

CANDIDO, A. A estrutura da escola. *Separata do boletim CBPE*, Centro Brasileiro de Pesquisas Educacionais, Rio de Janeiro, INEP, 1959.

CASTRO, L. R. Conhecer, transformar(-se) e aprender: pesquisando com crianças e jovens. In: _____; BESSET, V. L. (Org.). *Pesquisa-intervenção na infância e juventude*. Rio de Janeiro: Trarepa/FAPERJ, 2008.

_____. The "good-enough society", the "good-enough citizen" and the "good-enough student": Where is children's participation agenda moving to in Brazil? *Childhood*, p. 1-7, 2011.

_____; BESSET, V. L. (Org.). *Pesquisa-intervenção na infância e juventude*. Rio de Janeiro: Trarepa/FAPERJ, 2008.

_____; KOSMINSKY, E. Childhood and its regimes of visibility in Brazil: an analysis of the contribution of the social sciences. *Current Sociology*, v. 58, n. 2, p. 206-231, 2010.

CERTEAU, M. *A invenção do cotidiano*. Petrópolis: Vozes, 2005. 2 v.

CHRISTENSEN, P.; PROUT, A. Working with ethical symmetry in social research with children. *Childhood*, n. 4, v. 9, p. 477-497, 2002.

_____; _____. Antropological and sociological perspectives on study of children. In: GREENE, S.; HOGAN, D. (Org.). *Researching children's experience*. London: Sage, 2005.

CLIFFORD, J. *A experiência etnográfica*. Rio de Janeiro: Ed. da UFRJ, 2008.

CORSARO, W. A. *Sociologia da infância*. Porto Alegre: Artmed, 2011.

CRUZ, S. (Org.). *A criança fala*: a escuta de crianças em pesquisas. São Paulo: Cortez, 2008.

CSORDAS, T. *Corpo, significado, cura*. Porto Alegre: Ed. da UFRGS, 2008.

CUSSIANOVICH, A.; MARQUEZ, A. M. *Participação das crianças e adolescentes como protagonistas*: documento de discussão elaborado para a Save the Children Suécia. Brasil: Save the Children, 2002.

DELALENDE, J. As crianças na escola: pesquisas antropológicas. In: MARTINS FILHO, A. J.; PRADO, P. D. (Org.). *Das pesquisas com crianças à complexidade da infância*. Campinas: Autores Associados, 2011. p. 61-80.

DELGADO, A. C. C.; MARCHI, R. C. La petite souris: reflexões em torno de uma socioantropologia da infância. *Momento*, Porto Alegre, v. 18, p. 89-97, 2007.

ELIAS, N. *Os estabelecidos e os outsiders*. Rio de Janeiro: Zahar, 2005.

FABIAN, J. *Time and the other*: how anthropology makes its object. New York: Columbia University Press, 2003.

FARIA, A. L. G.; DEMARTINI, Z. B. F.; PRADO, P. D. *Por uma cultura da infância*: metodologias de pesquisa com criança. Campinas: Autores Associados, 2009.

FERNANDES, F. (1979). As "trocinhas" do Bom Retiro: contribuição ao estudo folclórico e sociológico da cultura e dos grupos infantis. In: _____. *Folclore e mudança social na cidade de São Paulo*. São Paulo: Martins Fontes, 2004.

FERNANDES, N. *Infância, direitos e participação*: representações, prática e poderes. Braga: Edições Afrontamento, 2009.

FREITAS, M. C. *História, antropologia e a pesquisa educacional*: itinerários intelectuais. São Paulo: Cortez, 2001.

_____. *Alunos rústicos, arcaicos e primitivos*. São Paulo: Cortez, 2005.

_____. (Org.). *Diversidade cultural e desigualdade social na infância e na juventude*. São Paulo, Cortez, 2007.

_____. (Org.). *História social da infância no Brasil*. São Paulo. Cortez, 2009.

_____. *O aluno problema*: forma social, ética e inclusão. São Paulo: Cortez, 2011.

_____. *O aluno incluído na educação básica*: avaliação e permanência. São Paulo: Cortez, 2013.

_____; BICCAS, M. S. *História social da educação no Brasil*. São Paulo: Cortez, 2009.

FUNDO DAS NAÇÕES UNIDAS PARA A INFÂNCIA (UNICEF). *Convenção sobre os direitos da Criança*: aprovada em 20 de novembro de 1989. Brasília: UNICEF, 1990.

GEERTZ, C. *The interpretation of cultures*. New York: Basic Books Press, 2000.

GIDDENS, A. *The new rules of sociological method*. London: Hutchinson, 1976.

GOFFMAN, E. *Comportamento em lugares públicos*. Petrópolis: Vozes, 2011.

_____. *Estigma*: manipulação da identidade deteriorada. Petrópolis: Vozes, 2000.

_____. *Os quadros da experiência social*. Petrópolis: Vozes, 2012.

GOFFMAN, E. *Ritual de interação*: ensaios sobre o comportamento face a face. Petrópolis: Vozes, 2014.

_____. *Representação do eu na vida cotidiana*. Petrópolis, Vozes, 2005.

GRUPO DE TRABALHO DE CIÊNCIAS SOCIAIS E HUMANAS. *Minuta de resolução específica sobre ética em pesquisas das ciências sociais e humanas de dez. de 2014*. Disponível em: <http://www.anpepp.org.br/informativo/view?ID_INFORMATIVO=265>. Acesso em: 25 jun. 2015.

GRUPO DE TRABALHO DE CIÊNCIAS SOCIAIS E HUMANAS. Carta aberta de resposta à *"Carta da CONEP ao Grupo de Trabalho da Resolução sobre Ética em Pesquisa nas Ciências Humanas e Sociais (CHS)"*, de 28 de janeiro de 2015. 2 fev. 2015. Disponível em: <http://www.anpepp.org.br/informativo/view?ID_INFORMATIVO=265>. Acesso em: 25 jun. 2015.

GUERRIERO, I. C. Z.; MINAYO, M. C. S. O desafio de revisar aspectos éticos das pesquisas em ciências sociais e humanas: a necessidade de diretrizes específicas. *Physis*, Rio de Janeiro, v. 23, n. 3, p. 763-782, set. 2013.

HALL, S. Cultural identity and diaspora. In: RUTHERFORD, J. (Org.). *Identity*. London: Lawrence & Wishart Publishers, 1990.

HARKNESS, S. "Parenthal ethnoteories of children's learning". In: LANCY, D. F.; BOCK, J.; GASKINS, S. (Org.). *Anthropology of learning in childhood*. New York: Altamira Press, 2010. p. 50-63.

HENDRICK, H. A criança como ator social em fontes históricas: problemas de identificação e de interpretação. In: CHRISTENSEN, P.; JAMES, A. (Org.). *Investigação com crianças*: perspectivas e práticas. Porto: Escola Superior de Educação de Paula Frassinetti, 2005.

HEYWOOD, C. *Uma história da infância*: da Idade Média à época contemporânea no Ocidente. Porto Alegre: Artmed, 2004.

HUTCHBY, I.; MORAN-ELLIS, J. Situating Children's Social Competence. In: _____; _____ (Org.). *Children and social competence*: arenas of action. London: Falmer Press, 1998.

JAMES, A. Agency. In: QVORTRUP, J.; CORSARO, W. A.; HONIG, M. S. *The Palgrave handbook of childhood studies*. Basingstoke, Hampshire [etc.]: Palgrave Macmillan, 2009. p. 34-45.

_____; JAMES, A. *Key concepts in childhood studies*. London: Sage, 2008.

_____; PROUT, A. Introduction. In: _____; _____ (Org.). *Constructing and reconstructing childhood*: contemporary issues in the Sociological study of childhood. New York: RoutledgeFalmer, 1997. p. 1-7.

JANNUZZI, G. M. *A educação do deficiente no Brasil*. Campinas: Autores Associados, 2004.

JENKS, C. Constituindo a criança. *Educação, Sociedade & Cultura*, revista da Associação de Sociologia e Antropologia da Educação, n. 17, p. 185-216, 2002.

_____. *The sociology of childhood*. Aldershot (UK): Gregg Revivals, 1997.

KRAMER, S. Autoria e autorização: questões éticas nas pesquisas com crianças. *Cadernos de Pesquisa*, v. 116, p. 41-59, jun. 2002.

LEE, N. Vozes das crianças, tomada de decisão e mudança. In: MÜLLER, Fernanda (Org.). *Infância em perspectiva*: políticas, pesquisas e instituições. São Paulo: Cortez, 2010. p. 42-64.

LIPSET, D. *Gregory Bateson*: el legado del hombre de ciência. Cidade do México: Fondo de Cultura Económica, 1991.

MANN, G.; TOLFREE, D. *Children's participation in research*: Reflections from the Care and Protection of Separated Children in Emergencies Project. Sweden: Save the Children, 2003.

MARCHI, R. C. Walter Benjamin e a infância: apontamentos impressionistas sobre sua(s) narrativa(s) a partir de narrativas diversas. *Revista Educação* (PUC-RS, on-line), v. 34, p. 221-229, 2011.

MARIN, A. J. Manifestações de professores sobre alunos. In: FREITAS, M. C. (Org.) *Desigualdade social e diversidade cultural na infância e na juventude*. São Paulo: Cortez, 2006. p. 285-300.

MARTINS FILHO, A. J.; PRADO, P. D. (Org.). *Das pesquisas com crianças à complexidade da infância*. Campinas: Autores Associados, 2011.

MARTINS, J. S. (Org.). *O massacre dos inocentes*: a criança sem infância no Brasil. São Paulo: Hucitec, 1991.

MARTINS, J. S. *Exclusão social e a nova desigualdade*. São Paulo: Paulus, 2003.

MAYALL, B. *Towards a sociology for childhood*. Philadelphia: Open University Press, 2002.

_____. Conversas com crianças: trabalhando com problemas geracionais. In: CHRISTENSEN, P.; JAMES, A. *Investigação com crianças*: perspectivas e práticas. Porto: Escola Superior de Educação de Paula Frassinetti, 2005.

MEAD, M. *Coming of age in Samoa*: a psychological study of primitive youth for western civilization. New York: W. Morrow & Company, 1928.

MELETTI, S. M. F.; BUENO, J. G. S. O impacto das políticas públicas de escolarização de alunos com deficiências: uma análise dos indicadores sociais do Brasil. In: KASSAR, M. C. M. (Org.). *Diálogos com a diversidade*: sentidos da inclusão. Campinas: Mercado de Letras, 2011. p. 109-135.

MERLEAU-PONTY, M. *Fenomenologia da percepção*. São Paulo: Martins Fontes, 2010.

MIZEN, P.; OFOSU-KUSI, Y. Agency as vulnerability: accounting for children's movement to the streets of Accra. *The Sociological Review*, v. 61, n. 2, p. 363-382, maio 2013.

MOL, A. *The body multiple*: ontology in medical practice. New York: Duke University Press, 2002.

MONTANDON, C. Sociologia da infância: balanço dos trabalhos em língua inglesa. *Cadernos de Pesquisa*, n. 112, p. 33-60, mar. 2001.

MONTGOMERY, H. *An introduction to childhood*: anthropological perspectives on children's lives. West Sussex (UK): Wiley-Blackwell, 2009.

MÜLLER, F. (Org.). *Infância em perspectiva*: políticas, pesquisas e instituições. São Paulo: Cortez, 2010.

_____. Infância e cidade: Porto Alegre através das lentes das crianças. *Educação e Realidade*, v. 37, n. 1, p. 295-318, 2012.

_____; CARVALHO, A. M. A. *Teoria e prática na pesquisa com crianças*: diálogos William Corsaro. São Paulo: Cortez, 2009.

MUÑOZ, L. G. La nueva sociología de la infancia. Aportaciones de una mirada distinta. *Política y Sociedad*, v. 43, n. 1, p. 9-26, 2006.

MURPHY, R. *The silent body*. New York: WW Norton, 1990.

PAZ, O. *Signos em rotação*. São Paulo: Perspectiva, 1996.

PRADO, R. L. C. *A participação de crianças na pesquisa acadêmica brasileira das ciências sociais e humanas*. Tese (Doutorado em Psicologia Escolar e do Desenvolvimento Humano) — Instituto de Psicologia, Universidade de São Paulo, São Paulo, 2014.

PRADO, R. L. C. O pesquisador e as crianças em investigações sobre a infância: algumas considerações. *Revista Veras*, v. 1, p. 86-99, 2011.

PRINS, B.; MEIJER, I. C. How bodies come to matter: an interview with Judith Butler. *Signs*: journal of women in culture and society, University of Chicago Press, v. 23, p. 275-286, 1998.

PRITCHARD, E. *The Nuer*: a description on the modes of livelihood and political institutions of a Nilotic People. London: Clarendon Press, 1940.

PROUT, A. Reconsiderando a nova sociologia da infância. *Cadernos de Pesquisa*, v. 40, n. 141, p. 729-750, set./dez. 2010.

QVORTRUP, J. A voice for children in statistical and social accounting. In: JAMES, A.; PROUT, A. (Org.). *Constructing and reconstructing childhood*: contemporary issues in the Sociological study of childhood. New York: RoutledgeFalmer, 1997.

_____. Infância e política. *Cadernos de Pesquisa*, São Paulo, v. 40, n. 141, p. 777-792, dez. 2010.

_____. Visibilidade das crianças e da infância. *Linhas Críticas*, Brasília, v. 20, n. 41, p. 23-42, jan./abr. 2014.

_____. A dialética entre a proteção e a participação. *Currículo sem Fronteiras*, v. 15, n. 1, p. 11-30, jan./abr. 2015.

_____; CORSARO, W.; HONIG, M. S. Why social studies of childhood? An introduction to the handbook. In: _____; _____; _____ (Org.). *The Palgrave handbook of childhood studies*. Hampshire (UK): Palgrave Macmillan, 2009. p. 1-17.

RENAUT, A. *A libertação das crianças*: a era da criança cidadã, contribuição filosófica para uma história da infância. Lisboa: Horizontes Pedagógicos, 2002.

RIZZINI, I. *A criança e a lei no Brasil*. Rio de Janeiro: UNICEF, 2002.

RIZZINI, I.; PILOTTI, F. (Org.). *A arte de governar crianças*. São Paulo: Cortez, 2006.

ROSEMBERG, F. Crianças e adolescentes na sociedade brasileira e a Constituição de 1988. In: OLIVE, R. G.; RIDENTI, M.; BRANDÃO, G. M. (Org.). *A Constituição de 1988 na vida brasileira*. São Paulo: Aderaldo & Rothschild/Anpocs, 2008. p. 296-333.

ROSEMBERG, F. Educação como uma forma de colonialismo. *Revista Ciência e Cultura*, n. 28, v. 12, p. 1466-1471, 1976.

_____; MARIANO, C. S. A Convenção Internacional sobre os Direitos da Criança: debates e tensões. *Cadernos de Pesquisa*, v. 40, n. 141, p. 693-728, dez. 2010.

SARMENTO, M. J; MARCHI, R. C. Radicalização da infância na segunda modernidade: para uma sociologia da infância crítica. *Configurações*, Braga, n. 4, p. 91-113, 2008.

SARTI, C. A. *A família como espelho*. São Paulo: Cortez, 2010.

SCHEIBE, K. S. *O drama da vida cotidiana*. São Paulo: Ed. da PUC-SP, 2005.

SCHMIDT, M. L. S. Pesquisa participante e formação ética do pesquisador na área da saúde. *Ciência & Saúde Coletiva*, v. 13, p. 391-398, 2008.

_____. Pesquisa participante: alteridade e comunidades interpretativas. *Psicologia USP*, São Paulo, v. 17, n. 2, p. 11-41, 2006.

SIGAUD, C. H. S. et al. Aspectos éticos e estratégias para a participação voluntária da criança em pesquisa. *Escola de Enfermagem*, São Paulo, USP, v. 43, n. 2, dez. 2009.

SILVA, I. O. *Educação infantil no coração da cidade*. São Paulo: Cortez, 2008.

SILVA, T. T. et al. *Identidade e diferença*: a perspectiva dos estudos culturais. Petrópolis: Vozes, 2013.

SIMMEL, G. *Questões fundamentais da sociologia*. Rio de Janeiro: Zahar, 2006.

SIROTA, R. Emergência de uma sociologia da infância: evolução do objeto e do olhar. *Cadernos de Pesquisa*, n. 112, p. 7-31, mar. 2001.

SOARES, N.; SARMENTO, M.; TOMÁS, C. A. Investigação da infância e crianças como investigadoras: metodologias participativas dos mundos sociais das crianças. In: INTERNATIONAL CONFERENCE ON SOCIAL METHODOLOGY: RECENT DEVELOPMENTS AND APPLICATIONS IN SOCIAL RESEARCH METHODOLOGY, 6., Amsterdam, 16-20 August 2004.

SOUSA SANTOS, B. Da ideia de universidade à universidade de ideias. *Revista Crítica de Ciências Sociais*, n. 27, p. 11-52, 1989.

SOUZA, M. P. R. (Org.). *Ouvindo crianças na escola*: abordagens qualitativas e desafios metodológicos para a psicologia. São Paulo: Casa do Psicólogo, 2010.

STANCIULESCU, E. Children and childhood in romanian society and social research: Ideological and market biases and some notable contributions. *Current Sociology*, v. 58, 2010.

STEIL, C. A.; MURILLO, L. F. R. Apresentação. In: CSORDAS, T. *Corpo, significado, cura*. Porto Alegre: Ed. da UFRGS, 2008. p. 9-13.

STRANDELL, H. From structure — action to politics of childhood: sociological childhood research in Finland. *Current Sociology*, v. 58, p. 165-185, 2010.

SZULĆ, A.; COHN, C. Anthropology and childhood in South America: perspective from Brazil and Argentina. *AnthropoChildren*, v. 1, p. 1-17, 2012.

THIN, D. Para uma análise das relações entre famílias populares e escolar: confrontação entre lógicas socializadoras. *Revista Brasileira de Educação*, Rio de Janeiro, v. 11, n. 32, p. 211-225, maio/ago. 2006.

_____. Famílias populares e instituição escolar: entre autonomia e heteronomia. *Educação e Pesquisa*, São Paulo, v. 36, p. 65-77, 2010.

TURNER, B. S. *Corpo e sociedade*. São Paulo: Ideias & Letras, 2014.

VELHO, G. *Individualismo e cultura*. Rio de Janeiro: Zahar, 2005.

VENANCIO, J. A. A. *Carta da Comissão Nacional de Ética em Pesquisa ao Grupo de Trabalho de Ciências Sociais e Humanas*, de 28 jan. 2015. Disponível em: <http://www.anpepp.org.br/informativo/view?ID_INFORMATIVO=265>. Acesso em: 25 jun. 2015.

VINCENT, G.; LAHIRE, B.; THIN, D. Sur l'histoire et la theorie de la forme scolaire. In: _____ (Org.). *L'éducation prisonnière de la forme scolaire*. Lyon: Presses Universitáries de Lyon, 1994.

VOVELLE, M. *La mentalité révolutionaire*: societé et mentalités sous la Révolution Francaise. Paris: Éd. Sociales, 1986.

_____. *Ideologias e mentalidades*. São Paulo: Brasiliense, 1988.

WILLIAMS, R. *Keywords*. New York: Columbia University Press, 2000.

_____. *Culture and society*. New York: Columbia University Press, 2002.

WOODHEAD, M. Combatting child labour: Listen to what the children say. *Childhood*, v. 6, n. 1, p. 27-49, fev. 1999.

WOODHEAD, M.; FAULKNER, D. Subjects, Objects or Participants? Dilemmas of Psychological Research with Children 2000. In: CHRISTENSEN, P.; JAMES, A. *Research with children*. London: Falmer Press, 2000.

WOODS, P. *Investigar la arte de enseñar*. Madrid: Paidós, 2005.

WOODWARD, K. Identidade e diferença: uma introdução teórica e conceitual. In: SILVA, T. T. (Org.). *Identidade e diferença*: a perspectiva dos estudos culturais. Petrópolis: Vozes, 2000. p. 7-72.

WULF, C. *Homo pictor*. São Paulo: Hedra, 2013.

ZEIHER, H. Childhood in German Sociology and Society. *Current Sociology*, v. 58, p. 292-308, 2010.

LEIA TAMBÉM

• **EDUCAÇÃO FÍSICA ESCOLAR
relações de gênero em jogo**

Coleção Educação & Saúde - vol. 11

Helena Altmann

176 págs.
1ª edição (2015)
ISBN 978-85-249-2340-1

Este livro analisa como as relações de gênero atravessam as práticas corporais, em especial, o esporte. Sem dúvida, gênero é um marcador social de diferenças imprescindíveis para compreender e intervir pedagogicamente na educação física e em outros espaços esportivos na escola.

LEIA TAMBÉM

- **O ALUNO-PROBLEMA**
forma social, ética e inclusão

Coleção Educação & Saúde - vol. 1

Marcos Cezar de Freitas

128 págs.
1ª edição - 1ª reimp. (2013)
ISBN 978-85-249-1750-9

O volume coloca em debate a idéia de um "aluno problema", considerando o tema no contexto do ambiente de ensino historicamente constituído, e sob múltiplas perspectivas. Desta forma, amplia as fronteiras da reflexão do cotidiano das instituições educacionais, com novos e marcantes elementos para todos os seus agentes.

LEIA TAMBÉM

- **O ALUNO INCLUÍDO NA EDUCAÇÃO BÁSICA**
  avaliação e permanência

  Coleção Educação & Saúde - vol. 9

  Marcos Cezar de Freitas

  120 págs.
  1ª edição (2013)
  ISBN 978-85-249-2016-5

O livro aborda os processos de inclusão que estão em andamento na educação básica. Apresenta uma visão crítica do processo levando em consideração o ponto de vista do aluno incluído e argumenta que, muitas vezes, a forma de incluir tem dificultado a ação dos professores e a permanência de alunos.